Gerald Schwabe • Dieter Seibert

Allgäu 1

Oberallgäu und Kleinwalsertal

50 ausgewählte Tal- und Höhenwanderungen

Bergverlag Rother · München
seit 1920

BERGVERLAG ROTHER GMBH • MÜNCHEN

ROTHER WANDERFÜHRER

Abruzzen
Achensee
Adlerweg
Ahrsteig
Albsteig
Algarve
Allgäu 1, 2, 3, 4
Allgäuer Alpen
AlpeAdriaTrail
Altmühltal

Altmühltal-Panoramaweg
Andalusien Süd
Annapurna Treks
Antholz - Gsies
Aostatal
Appenzeller Land
Apulien
Ardennen
Arlberg - Paznaun
Arnoweg
Augsburg
Außerfern
Australien
Auvergne
Azoren
Bayerischer Wald
Berchtesgaden -Lienz
Berchtesgadener Land
Bergisches Land
Berlin
Bern
Berner Oberland Ost
Berner Oberland West
Bodensee Nord, Süd
Bodensee - Rätikon
Böhmerwald
Bolivien
Bozen - Kaltern
Brandnertal
Bregenzerwald
Bremen - Oldenburg
Brenta
Bretagne
Bulgarien
Burgund
Cevennen
Chiemgau
Chiemsee
Chur - Hinterrhein
Cilento
Cinque Terre
Comer See
Cornwall-Devon
Costa Blanca
Costa Brava
Costa Daurada
Costa del Azahar
Côte d'Azur
Dachstein-Tauern Ost
Dachstein-Tauern West
Dänemark-Jütland
Dalmatien
Dauphiné Ost, West
Davos
Dolomiten 1, 2, 3, 4, 5, 6, 7
Dolomiten-Höhenwege 1-3, 4-7, 8-10
Donausteig
E5 Konstanz - Verona
Ecuador
Eifel
Eifelsteig
Eisenwurzen
El Hierro
Elba
Elbsandsteingebirge
Elsass
Emmental
Ober-, Unterengadin
England Mitte, Nord, Süd
Erzgebirge
Fichtelgebirge
Fränkische Schweiz
Fränkischer Gebirgsweg
Frankfurt
Freiburg
Friaul-Julisch Venetien
Fuerteventura
Galicien
Gardaseeberge
Garhwal - Ladakh
Gasteinertal
Genfer See
Gesäuse
Glarnerland
Glockner-Region
Goldsteig
La Gomera
Gran Canaria
Grazer Hausberge
Gruyère - Diablerets
GTA
Hamburg
Harz
Haute Route
Hawaii
Hochkönig
Hochschwab
Hohenlohe
Hunsrück
Ibiza
Innsbruck
Irland
Isarwinkel
Island
Israel
Istrien
Jakobsweg - Caminho Português
Jakobsweg - Camino del Norte
Französischer Jakobsweg Le Puy - Pyrenäen, Straßburg - Le Puy
Jakobsweg Marburg - Vézelay
Jakobswege Österreich
Jakobswege Schweiz
Spanischer Jakobsweg
Südwestdeutsche Jakobswege
Julische Alpen
Jura, Französischer
Jura, Schweizer
Kärntner Seen
Kalabrien
Kapverden
Karawanken
Karnischer Höhenweg

Karwendel
Kaunertal
Kitzbüheler Alpen
Kleinwalsertal
Korsika
Korsika - GR 20
Korsika - Mare e Monti
Kraichgau
Kreta
Kurhessen
La Palma
La Réunion
Lahnwanderweg
Lago Maggiore
Languedoc-Roussillon
Lanzarote
Lappland
Lechweg
Lesbos - Chios
Limesweg
Lofoten
Lothringen
Lungau
Luxemburg - Saarland
Madeira
Mallorca
Marken - Adriaküste
Masuren
Maximiliansweg
Mecklenburgische Seenplatte
Menorca
Meran
Mont Blanc
Montafon
Montenegro
Moselhöhenweg
Moselsteig
Mühlviertel
München - Venedig
Münsterland
Neanderlandsteig
Golf von Neapel
Neckarweg
Neuseeland
Neusiedler See
Niedere Tauern Ost
Niederlande
Nockberge
Normandie
Norwegen Mitte, Süd, Jotunheimen
Oberlausitz
Oberpfälzer Wald
Oberschwaben
Odenwald
Ötscher
Ötztal
Ötztal - Pitztal Trekking
Ossola-Täler
Ostfriesland
Ostseeküste
Ost-Steiermark
Osttirol Nord, Süd
Patagonien
Peloponnes
Peru
Pfälzer Weinsteig
Pfälzerwald
Pfaffenwinkel
Picardie
Picos de Europa
Piemont Nord, Süd
Pinzgau
Pitztal
Portugal Nord
Provence
Pyrenäen 1, 2, 3, 4
Pyrenäen - GR 11

Regensburg
Rheinhessen
Rheinsteig
Rhön
Riesengebirge
Rom - Latium
Rügen
Ruhrgebiet
Rumänien - Südkarpaten
Salzburg
Salzburg - Triest
Salzkammergut Ost
Salzkammergut West
Samos
Sardinien
Sauerland
Savoyen
Schaffhausen
Schottland
Schwabenkinder-Wege Oberschwaben, Schweiz - Liechtenstein, Vorarlberg
Schwäbische Alb Ost
Schwäbische Alb West
Schwarzwald Fernwanderwege
Schwarzwald Mehrtagestouren Mitte/Nord, Süd/Mitte
Schwarzwald Nord, Süd
Schweden Mitte, Süd
Seealpen
Seefeld
Sierra de Gredos
Sierra de Guadarrama
Sizilien
Spessart
Steigerwald
Steirisches Weinland
Sterzing
Stubai
Trekking im Stubai
Stuttgart
Südafrika West
Surselva
Sylt, Amrum, Föhr
Tannheimer Tal
Tasmanien
Hohe Tatra
Tauern-Höhenweg
Hohe Tauern Nord
Tauferer Ahrntal
Taunus
Tegernsee
Teneriffa
Tessin
Teutoburger Wald
Thüringer Wald
Toskana Nord, Süd
Türkische Riviera
Umbrien
Ungarn West
Usedom
Vanoise
Veltlin
Vía de la Plata
Via Francigena
Via Gebennensis
Vierwaldstätter See
Vinschgau
Vogelsberg
Vogesen
Vogesen Mehrtagestouren
Vogesen-Durchquerung
Wachau
Waldviertel
Wales
Oberwallis
Unterwallis
Walliser Alpen
Weinviertel
Welterbesteig Wachau
Weserbergland
Westerwald
Westerwald-Steig
Wien
Wiener Hausberge

Wilder Kaiser
Zillertal
Zürichsee
Zugspitze
Zypern

Vorwort

Das Allgäu ist ein Paradies für Bergwanderer und Naturliebhaber und nicht ohne Grund eine der beliebtesten Urlaubsregionen Deutschlands. Das Oberallgäu ist geprägt vom breiten Illertal, das von den ersten hohen Bergen rund um Immenstadt gut 20 Kilometer schnurgerade nach Süden in die Alpen bis nach Oberstdorf hineinreicht. Und dort seine Fortsetzung findet in wunderschönen Tälern, die uns noch weiter hineinführen in die Allgäuer Bergwelt: Trettachtal, Stillachtal, Oytal, Kleinwalsertal ... Dazu herrliche Nebentäler des Illertales wie das Hintersteiner oder das Gunzesrieder Tal.
Im südlichen Oberallgäu ist man mitten in den Bergen, dennoch präsentiert es sich überwiegend als sonnendurchflutete, freundliche Landschaft. Sanfte, von Almwiesen überzogene Bergkuppen mit familienfreundlichen Wanderwegen wechseln sich ab mit hochalpiner Szenerie entlang des Allgäuer Hauptkamms mit seinen mächtigen Dolomitgipfeln, die auch den anspruchsvollsten Bergwanderern begeistern. Ausichtsreiche Gratwanderungen über die schmalen Kämme der Allgäuer Grasberge, blumenreiche Wiesenhänge, großartige Höhenwege in 2000 m Höhe, herrliche Aussichtsgipfel und mittendrin ein gutes Dutzend wunderschöner Bergseen.
Nördlich der Berge beginnt das Allgäuer Alpenvorland: langgezogene, in West-Ost-Richtung verlaufende Bergrücken, die mit zunehmendem Abstand vom Alpenrand allmählich an Höhe verlieren, dazwischen weite, grüne Täler mit kleinen Dörfern, stillen Mooren und malerischen Seen.
Ein Großteil des Allgäus steht unter Natur- oder Landschaftsschutz, doch richtige Ur-Landschaft darf man natürlich nicht erwarten. Das Allgäu ist eine seit Jahrhunderten besiedelte Kulturlandschaft mit einer noch immer sehr lebendigen Almwirtschaft – was sicherlich einen Teil seines Reizes ausmacht. Und gleichzeitig eine gut organisierte Ferienregion mit fast 20 Seilbahnen und unzähligen »Attraktionen« wie Klettergarten, Sommerrodelbahn und Co. Auf jeden Fall eine Landschaft, die für jeden Geschmack etwas bietet und bei aller Popularität noch unzählige stille Ecken parat hat.
In diesem Buch finden Sie eine bunte Tourenmischung von leicht bis anspruchsvoll, von bekannten Klassikern bis zu einsamen Pfaden, von gemütlichen See-Uferwegen im Alpenvorland bis hin zu anstrengenden Tagestouren auf die höchsten Gipfel.

Immenstadt und Sonthofen,
im Sommer 2017

Gerald Schwabe
Dieter Seibert

Inhaltsverzeichnis

Symbole

mit Bahn/Bus erreichbar	Pass, Sattel
Einkehrmöglichkeit unterwegs	Kirche, Kapelle, Marterl/Bildstock
für Kinder geeignet	Aussichtsturm
Ort mit Einkehrmöglichkeit	Aussichtsplatz
Busanschluss	Wasserfall
eingerichteter Parkplatz	Höhle
bewirtschaftete Hütte, Gasthaus	Brücke
unbewirtschaftete Hütte, Unterstand	Fahrt mit der Seilbahn
	Fahrt mit dem Sessellift
Gipfel	Fahrt mit dem Bus

KEMPTEN
(Allgäu)
Betzigau
Durach
Dreieck Allgäu
Waltenhofen
Buchenberg
Eschach
Hohkopf
Kleinhaslach
Schwarzer Grat
Wengen
Bolsternang
Rechtis
Sonneneck
Kleinweiler
Hofen
Maierhöfen
Riedholzer Kugel
Seltmans
Sibratshofen
Weitnau
Engelwarz
Hellengerst
Eisenbolz
Ettensberg
Niedersonthofen
Memhölz
Rauns
Burgratz
Sulzberg
(712)
Untergassen
Moosbach
Ottacker
Raichen
Bodelsberg
Oberzollhaus
Kressen
Memersch
Petersthal
Mittelberg
Faistenoy
Haslach
Horn
1150
Rieggis
Freundpolz
Gopprechts
Oberdorf
b. Immenstadt
Martinszell
im Allgäu
Hauchenberg
1237
Wilhams
Diepolz
Aigis
Börlas
Missen
Wiederhofen
Eckarts
Knottenried
Werdenstein
Luitharz
Akams
Rottach
Riedis
Vorderburg
Gindels
Emmereis
Wertach
Hinterreute
Vorderreute
Reuterwanne
Seifen
Humbach
Freidorf
Kranzegg
Bräunlings
Zaumberg
D
Salmaser Höhe
Triebtings
Stein
Alpsee
See
Bühl
am Alpsee
Greggenhofen
Rauhenzell
Laufenegg
Rettenberg
Bichel
Deutsche Alpenstraße
Unterjoch
Jungholz
Langens
Sorgschrofen
Wiedemannsdorf
Salmas
Konstanzer
Thalkirchdorf
Immenstadt
im Allgäu
(728)
Wagneritz
Grünten
1738
Häuser
Burgberg
im Allgäu
Wertacher Hörnle
Schnitzlertal A.
Vorderer Prodel
1491
Denneberg
Ettensberg
Blaichach
Gunzesried
Rieden
Ortwang
SONTHOFEN
(743)
Berghofen
Stuiben
1749
Wester hofen
Tiefenb.
Bad Hindelang
Reckenberg
Oberjoch
Rehbach
Steig
Schattwald
Fricken
Zöbler
Rindalphorn
1821
Hüttenberg
Sigishofen
Nagelfluhkette
Hochgrat
1834
Allgäuer Bergho.
Ofterschwang
Hofen
Imberg
Bad Oberdorf
Kühgund Spitze
1907
Strausbergh.
Scheidwang A.
Balderschwang
(1044)
Tiefenberg
Altstädten
Bruck
Hinterstein
(866)
Wh. Wiesenbande
Kierwang
Au
Berghs. Schwaben
Bolsterlang
Berg
Schöllang
Gaishorn
Obermaiselstein
Fischen
Allgäu
Reichenbach
b. Oberstdorf
Langenwang
Riedbergpass Straße
Piesenkopf
1630
Tiefenbach
b. Oberstdorf
Nebelhorn
2224
Rappeler
Edmund-Probst-Haus
Kornau
Oberstdorf
(813)
Breitachklamm
Rohrmoostal
Schwende
Gottesacker
Hoher Ifen
2230
Riezlern
(1088)
Westegg
Schiflugschanze
Hochvogel
2592
Hornbachjoch
2020
Hinterhornbach
(1101)
Hornbachtal
Hirschegg
Seite
Walmendinger Horn
1990
Grünhorn
Höfle
Kanzelwand
2059
Mittelberg
(1215)
Birgsau
Bödmen
Baad
Einödsbach
Krottenkopf
2656
Kempter Hü.
Urbeleskarsp.
2632
Widderstein
2533
Hochtannberg
1676
Hochkrumbach
Hohes Licht
2651
Rappenseehü.
Biberkopf
Häselgehr
(1006)
Untergiblen
Elbigenalp
(1039)
Grießau
Allgäuer Alpen
Kleinwalsertal
Schwarzenberger Weiher
Rottachsee
Schreckse

Touristische Hinweise

Tourenauswahl

Im Oberallgäu und Kleinwalsertal findet sich für fast jeden Geschmack eine unglaubliche Fülle an schönen Touren. Bei der Tourenauswahl in diesem Buch wurde darauf Wert gelegt, eine möglichst große Bandbreite abzudecken. Von leichten Wanderungen über lohnende Halbtagestouren hinauf in die beeindruckende Bergwelt bis hin zu anspruchsvollen Gipfelbesteigungen, mit oder ohne Seilbahn-Benützung – bekannte Klassiker, aber auch überraschend stille Touren.

Anforderungen

Den Schwierigkeitsgrad einer Tour objektiv zu beurteilen ist kaum möglich, zu unterschiedlich sind die individuellen Vorlieben und Bergerfahrungen der Wanderer. Die farbliche Unterteilung der Touren in leicht, mittel und schwer soll deshalb nur als grobe Orientierung dienen. Heikle Stellen, Kletterpassagen, Seilsicherungen und besondere Schwierigkeiten sind in den jeweiligen Wegbeschreibungen aufgeführt.

Der Engeratsgundsee.

Leicht Diese Wanderungen führen über ausreichend breite, gut angelegte Wege, die überwiegend nur mäßig steil sind und keine Gefahrenstellen aufweisen. Sie sind für Wanderer mit wenig Bergerfahrung geeignet und können auch bei schlechtem Wetter begangen werden.

Mittel Bei diesen Wegen ist man auf schmalen, auch felsigen Wegen und Steigen unterwegs, die zum Teil über steileres Gelände führen. Trittsicherheit und festes Schuhwerk werden vorausgesetzt. An kurzen, ausgesetzten Passagen, die mit Drahtseilen gesichert sind, ist zusätzlich Schwindelfreiheit erforderlich. Für manche Wanderungen, die größere Höhenunterschiede überwinden, wird Ausdauer verlangt.

Schwierig Diese Bergwege erfordern sicheres Gehen in felsigem und schrofigem Gelände. Auf längeren Abschnitten ist Trittsicherheit und Schwindelfreiheit notwendig. Diese Touren sollten nur geübte Wanderer unternehmen.

Kurzinfo

Um die Anforderungen jeder Tour auf den ersten Blick grob einschätzen zu können, sind die Eckdaten der Wanderungen in einer Kurzinfo zusammengefasst. Diese gibt Auskunft über Ausgangspunkt und Anfahrt (Auto und Bahn/Bus), Anforderungen, Gehzeit, Streckenlänge und Höhendifferenz sowie Einkehrmöglichkeiten, Kindereignung u. v. m. Nach der Kurzinfo folgt eine ausführliche Wegbeschreibung, jeweils ergänzt durch eine Karte mit Routeneintrag sowie ein Höhenprofil.

Anreise mit dem Auto

Das Allgäu und das Kleinwalsertal sind per Pkw gut erreichbar: Auf der A7 aus Richtung Ulm und weiter ab Kempten auf der ausgebauten B 19 kommt man weitgehend ungehindert bis Sonthofen im Oberallgäu. Von Oberstdorf führt eine gut ausgebaute Straße ins Kleinwalsertal hinein (ab Oberstdorf ca. 20 km bis zum Talende in das auf ca. 1225 m Höhe gelegene Baad). Gene-

Wichtige Telefonnummern und Adressen

Notrufnummern

Europäische Notrufnummer: 112
Alpin-Notrufnummer: 140 (Bergrettung in Österreich)

Tourismus-Informationen

Allgäu GmbH, Allgäuer Straße 1, 87435 Kempten, Tel. +49 831 575 37 30, www.allgaeu.de

Kleinwalsertal Tourismus, Walserstraße 264, A-6992 Hirschegg, Tel. +43 5517 51140, www.kleinwalsertal.com

Wetterberichte

DAV, www.alpenverein.de
ÖAV, www.alpenverein.at
Deutscher Wetterdienst, Tel. +49 900 111 60 11 (Alpen), www.dwd.de

Grasgehren am Riedbergpass.

rell muss man allerdings am Wochenende (Quartierwechsel und sehr viele Tagesbesucher) mit teilweise recht zähem Verkehr rechnen.
Parken: Parkplätze gibt es im gesamten Tourengebiet ausreichend, allerdings sind fast alle kostenpflichtig (auch am Wochenende) – und außerdem teilweise sehr teuer, sodass sich z. B. die Benutzung der – für Übernachtungsgäste kostenlosen – Busse im Kleinwalsertal geradezu aufdrängt. Bei Benützung von Seilbahnen erstatten viele Betreiber einen Teil der Parkgebühren.

Anreise mit Bus und Bahn

Von ganz wenigen Ausnahmen abgesehen (s. jeweilige Kurzinfo) sind alle in diesem Buch beschriebenen Touren mit öffentlichen Verkehrsmitteln machbar. Oberstdorf wird in der Regel stündlich von Zügen angefahren. Info: www.bahn.de. Die Busverbindungen bzw. -anschlüsse vor Ort sind sehr unterschiedlich:

Die Top-Touren im Oberallgäu und im Kleinwalsertal

Iseler und Kühgundkopf
Modeberg mit weitem Rundblick und spannendem Grat (Tour 12, 3.30 Std.).

Prinz-Luitpold-Haus
Der Hüttenweg, der reichste Abwechslung bietet (Tour 16, 4.30 Std.).

Reizvolle Plätze im Gunzesried
Bunte Palette im Talbereich mit großartigen Tobeln (Tour 23, 3.30 Std.).

Steineberg
Der Prototyp eines wilden, bizarren Nagelfluhbergs (Tour 24, 4.15 Std.).

Siplingerkopf und Heidenkopf
Im höchsten Bereich der Nagelfluh-Zackenwelt (Tour 32, 4.15 Std.).

Rubihorn und Gaisalpe
Spannende Gipfeltour, Panoramablick und hochalpiner See (Tour 35, 6 Std.).

Seealpsee, Gleitweg, Oytal
Bergsee und Panoramawege im Reich der berühmten Höfats (Tour 38, 3.30 Std.).

Durch die Breitachklamm
Einzigartiges Naturschauspiel mit tosendem Wasser (Tour 41, 2 Std.).

Blumenberg Fellhorn
Auf himmelhohen Graten mit üppigster Flora (Tour 43, 4 Std.).

Fiderepasshütte
Große Rundtour in eindrucksvoller, wilder Felsenwelt (Tour 44, 4.30 Std.).

Die Verbindungen im Kleinwalsertal sind optimal (Busse einmal längs durchs gesamte Tal von Oberstdorf bis Baad alle 10 bis 20 Minuten), und von Oberstdorf kommt man im Oberallgäu ebenfalls gut herum. Im übrigen Oberallgäu ist das Busnetz brauchbar, erfordert allerdings manchmal etwas Geduld und zeitliche Vorausplanungen, da Busse teilweise nur alle 1 bis 2 Std. verkehren.
Zwecks Vorausplanung sind alle Busverbindungen im Internet einsehbar:
Kleinwalsertal: www.kleinwalsertal.com (→ Walserbus)
Südliches Oberallgäu und angrenzende Gebiete: www.oberallgaeu.org (→ Bus und Bahn)
Und wer sich länger in einer Region aufhält, für den lohnen sich die an Bahnhöfen und in Tourist-Infos erhältlichen kleinen, handlichen Fahrpläne mit allen Verbindungen.

Gehzeiten

Die Gehzeiten in den Kurzinfos und in den Streckenprofilen beziehen sich auf die reine Gehzeit ohne Rast und Pausen. Diese Angaben orientieren sich an den auf den Beschilderungen vor Ort angegebenen Zeiten.
Naturgemäß können sie nur als grobe Richtlinie dienen, zu unterschiedlich sind individuelle Kondition und Gehgeschwindigkeit. Insbesondere bei Touren mit steilen Anstiegen machen sich solche Unterschiede stark bemerkbar; wer mit Kindern unterwegs ist oder sich generell eher als einen etwas langsameren Wanderer einschätzt, rechnet am besten immer rund ein Drittel zu den Zeitangaben hinzu, um auf der sicheren Seite zu sein.

Bergbahnen

Auf einigen Touren werden Seilbahn oder Sessellift benutzt, um schnell und bequem Höhe zu gewinnen; bzw. am Ende der Wanderung knieschonend wieder ins Tal zu gelangen. Die Seilbahnen sind in der Regel ganzjährig in Betrieb, mit Revisionszeiten in den aus geschäftstechnisch eher lauen Übergangsmonaten November und April. Manche österreichischen Bahnen fahren in den Nebensaison-Monaten (Mai/Anfang Juni sowie Oktober) mitunter nur an Wochenenden und/oder an schönen/trockenen Tagen. Die täglichen Betriebszeiten liegen in etwa zwischen 8:30 Uhr und 16:30 Uhr. Genauere Informationen sowie Telefonnummern und Internetseiten sind in den Kurzinfos angegeben.

Einkehr, Almhütten & Co.

Kleinwalsertal und Oberallgäu sind gastronomisch bestens erschlossen, so dass es kaum eine Wanderung ohne Einkehrmöglichkeit gibt. Rund um die Bergstationen von Seilbahn und Sessellift gibt es immer etwas zu essen und zu trinken, auf abgelegenen Touren trifft man immer wieder auf eine der zahlreichen Alpenvereinshütten, die in alpinen Höhen zwischen 1600 m und 2000 m Kost und Logis bieten; und da im gesamten Allgäu und Kleinwalsertal noch über 700 Almen verteilt sind, auf denen das Vieh den Sommer verbringt, stößt man als Wanderer fast überall auf bewirtschaftete Alphütten.

Blick vom Grünhorn auf den Widderstein (Tour 47).

Saison und Öffnungszeiten:
Die in unmittelbarer Nähe der Seilbahn-Bergstationen gelegenen Hütten und Restaurants haben fast immer ohne Ruhetage während der Seilbahn-Betriebszeiten geöffnet. Die Öffnungszeiten der hochgelegenen Alpenvereinshütten sind durch die Höhe bzw. den Winter begrenzt; die Sommersaison ist sehr unterschiedlich, aber als grober Richtwert kann Anfang Juni bis Anfang Oktober dienen. Anders sieht es bei den meist privaten Hütten aus, die in erster Linie Alphütten sind und nebenbei Wanderer verköstigen. Deren Sommersaison dauert meist nur solange, wie auch das Vieh auf der Alm ist, also ca. Mitte Juni bis zum Viehscheid ca. Mitte September. Mit einem wöchentlichen Ruhetag darf man rechnen. Besonders bei etwas abgelegenen Hütten weist meist ein Schild frühzeitig darauf hin, wenn die Hütte geschlossen hat.

Allgäu-Walser-Card

Übernachtungsgäste erhalten bei Ihrer Ankunft im Quartier eine Chip-Karte (Gebühr wird bei Rückgabe der Karte erstattet). Darauf enthalten sind die kostenlose Busbenutzung (für Kleinwalsertal-Gäste) im Kleinwalsertal sowie zahlreiche Ermäßigungen für Seilbahnen, Freizeiteinrichtungen wie Freibäder und Thermen, Eintritte in die Breitachklamm u. v. m. Zudem können zusätzliche Pauschalarrangements (Seilbahn-Wochenticket etc.) auf die Karte geladen werden. Aufgrund der zunehmenden Konkurrenz unter den Zielgebieten – und um mehr Tagesurlauber zu längeren Aufenthalten zu verleiten – werden fast überall Pauschalen für Mehrtagesgäste angeboten: kostenlose Busbenutzung bzw. stark ermäßigte Fahrpreise, teilweise Seilbahnen inklusive u. v. m. Wegen der Vielzahl der Angebote und der häufigen Änderungen lohnt sich ein Besuch der Internetseiten des jeweiligen regionalen Tourismusbüros.

GPS-Tracks

Zu diesem Wanderführer stehen auf der Internetseite des Bergverlag Rother (www.rother.de) GPS-Daten zum kostenlosen Download bereit – Benutzername: **gast** / Passwort: **wfAllg112Pb77z**
Sämtliche GPS-Daten wurden auf digitalen Karten erfasst. Verlag und Autor haben die Tracks und Wegpunkte nach bestem Wissen und Gewissen überprüft. Dennoch können wir Fehler oder Abweichungen nicht ausschließen, außerdem können sich die Gegebenheiten vor Ort zwischenzeitlich verändert haben. GPS-Daten sind zwar eine hervorragende Planungs- und Navigationshilfe, erfordern aber nach wie vor sorgfältige Vorbereitung, eigene Orientierungsfähigkeit sowie Sachverstand in der Beurteilung der jeweiligen (Gelände-)Situation. Man sollte sich für die Orientierung auch niemals ausschließlich auf GPS-Gerät und -Daten verlassen.

Fischen mit dem Rubihorn im Hintergrund.

Alpine Gefahren

In den touristisch gut organisierten Allgäuer Bergen scheinen alpine Gefahren recht weit weg zu sein. Die in diesem Buch beschriebenen Wanderungen verlaufen – von einigen Gipfelkraxeleien abgesehen – fast ausschließlich auf gut begehbaren Wegen und liegen in relativ niedrigen Höhenlagen zwischen etwa 1100 m und 2400 m. Man hat fast überall Handy-Empfang, und so ganz alleine ist man hier eigentlich nie unterwegs. Das heißt, mit einer guten Ausrüstung, festen Schuhen, ggf. Teleskopstöcken, Trittsicherheit, guter Zeiteinteilung und einer vernünftigen Einschätzung, was man kann und was nicht, ist das Bergwandern auf den beschriebenen Routen nicht besonders gefährlich.
Dennoch dürfen die perfekte Erschließung und die Restaurant-Atmosphäre mancher Bergstationen nicht darüber hinwegtäuschen, dass man sich teilweise im (Hoch-)Gebirge befindet, in dem gewisse Risiken nicht ganz auszuschließen sind:
Das Wetter: Im Gebirge von einem Gewitter überrascht zu werden, ist alles andere als ein Vergnügen. Gerade im Hochsommer kann ein strahlend schöner Vormittag in einem heftigen nachmittäglichen Wärmegewitter en-

den. Wettervorhersagen, die auf »mögliche Gewitterschauer am Nachmittag, die teils heftig ausfallen können« hinweisen, sollten unbedingt ernst genommen und bei der Tourenauswahl entsprechend berücksichtigt werden. Und sollte man tatsächlich in ein Gewitter geraten, heißt es: Gipfel und Grate meiden, von Drahtseilen und eisernen Kletterhilfen Abstand halten, Wanderstöcke zur Seite legen, steinschlaggefährdete Stellen meiden, möglichst Mulden aufsuchen und sich »klein« machen.
Nicht vergessen sollte man auch, dass – selbst bei angenehmen sommerlichen Temperaturen im Tal – aufkommender Nebel oder starker Wind im Hochgebirge schnell zu einem drastischen Temperaturabfall führen können. Also lieber eine Jacke mehr als zu wenig mitnehmen. Dies gilt besonders für Kinder, ebenso wie ein ausreichender Sonnenschutz in der Höhe.
Gipfel und Wege: Die höchsten Gipfel der Region (z. B. Hochvogel, Widderstein) bestehen aus Dolomit, einem griffigen und eigentlich recht wanderfreudigen Gestein. Die ausgedehnten Schutthalden unter manchen Gipfeln weisen allerdings auch auf seinen Nachteil hin: Steinschlag. Wer sich im Umfeld dieser Gipfel bewegt, sollte also immer etwas die Ohren spitzen und selbst Rücksicht auf weiter unten gehende Wanderer nehmen. Manche der hier beschriebenen Touren verlaufen über schmale Wiesengrate, für die das Allgäu und das Kleinwalsertal so bekannt sind (z. B. Fellhorn, Grünhorn, Sonnenköpfe): herrliche Panoramarouten oberhalb der Baumgrenze, aber durch den Bewuchs mit langem Gras werden die Hänge besonders bei Nässe zu gefährlichen Rutschbahnen. Ähnliches gilt für die Gipfel aus Nagelfluhgestein (z. B. Stuiben, Hochgrat): Das runde, waschbetonartige Gestein wird bei Nässe oft unangenehm glatt. Teleskopstöcke, die zusätzlich Halt geben – und die Knie entlasten – sind also sehr zu empfehlen. Auf solche »Problemzonen« wird jeweils in der Kurzinfo hingewiesen.
Altschneefelder: Im schattigen Hängen und Flanken halten sich oft bis weit in den Frühsommer hinein Schneefelder. Besonders, wenn der Schnee vereist oder verharscht ist, können diese Stellen zu gefährlichen Rutschbahnen werden. Teleskopstöcke geben eine gewisse Sicherheit.

Wanderkarten

Zusätzlich zu den Wanderkärtchen, die Bestandteil jeder Tour sind, ist folgendes Kartenmaterial empfehlenswert:

- Landesamt für Digitalisisierung, Breitband und Vermessung: UKL 8 »Allgäuer Alpen« (www.lvg.bayern.de)
- Freytag und Berndt Wander-, Rad- und Freizeitkarten: WK 351 »Lechtaler Alpen – Allgäuer Alpen«, WK 352 » Ehrwald – Lermoos – Reutte – Tannheimer Tal« und WK 364 »Bregenzerwald« (www.freytagberndt.at)
- Diverse Zumstein-Wanderkarten im Maßstab 1:25.000 (www.ava-verlag.de)

Die Oberallgäuer Bergwelt

Der Landkreis Oberallgäu reicht im Norden etwas über Dietmannsried und Altusried hinaus. In seiner südlichen Hälfte finden Sie die Touren dieses Wanderführers. Die Landschaft beginnt mit einer Art Mittelgebirge (in Wirklichkeit handelt es sich hier um die äußersten Höhen, die bei der Alpenfaltung entstanden sind), das dann etwa ab Immenstadt endgültig ins Hochgebirge übergeht. Dort ragen die Berge kontinuierlich immer höher auf, je weiter man nach Süden kommt.

Tal der Iller

Die Oberallgäuer Bergwelt ist in einem weiten Bogen um das Tal der Iller angeordnet. Die beiden großen Orte der Region liegen direkt in der Talsohle, Sonthofen, die Kreisstadt und zugleich die südlichste Stadt Deutschlands, und der weltbekannte Ferien- und Wintersportort Oberstdorf. Die Iller begleiten auf beiden Seiten gut 100 m höher gelegene, sehr weite, sonnige Böden, auf denen stattliche Dörfer thronen; das sind die Westliche und die Östliche Illerterrasse. Dort oben startet man zu mancher unserer Touren.
Die Iller wird knapp nördlich von Oberstdorf aus drei Quellbächen geboren, aus Trettach, Stillach und Breitach. Letztere ist deutlich wasserreicher als ihre »Schwestern«, kommt sie doch aus einem viel größeren Einzugsgebiet,

Am Freibergsee, im Hintergrund der Absprungturm der Skiflugschanze.

dem Kleinwalsertal. Dieses Hochtal mit seinen drei großen Orten – Riezlern, Hirschegg und Mittelberg – gehört politisch zum österreichischen Vorarlberg, obwohl man es mit dem Auto nur aus dem Allgäu erreichen kann.
Das ganze Stromgebiet der Iller ist Ferienland der Extraklasse. Damit ist nicht das Exklusive gemeint, sondern die außergewöhnliche Fülle an Möglichkeiten für alle, die sich – im Sommer wie im Winter – unter freiem Himmel bewegen wollen.

Auf halber Höhe

Zu den reizvollsten Zielen zählen die »Wasserspiele«. Es gibt Klammen, zahllose Tobel, wie die Schluchten im Schwäbisch-Alemannischen genannt werden, Wasserfälle, sehr malerische Bergseen ... Dabei findet man Ziele von der Kategorie »berühmt« – wie beispielsweise die Breitachklamm – ebenso wie kleine Kostbarkeiten, die nur im engsten Umkreis bekannt sind; viele davon werden bei unseren Touren besucht. Und auf Wanderer, für die zu einer gelungenen Tour eine Einkehr unterwegs dazugehört, warten zahlreiche Hütten, Berggaststätten und bewirtschaftete Almen – im Allgäu »Alpen« genannt.

Die Gipfelwelt

Zwei Kriterien bestimmen den besonderen Reiz der Allgäuer Berg- und Gipfelwelt. So empfindet der Wanderer und Bergsteiger das Sonnige dieser Landschaft als besonders anziehend. Hier gibt es mehr freie Wiesenflächen und Alpweiden und weniger Wald als in anderen Regionen. Wegen der intensiven Milchviehwirtschaft hat man im Laufe der Jahrhunderte so viele freie Flächen wie möglich geschaffen, und das ist für einen Ausflug im Gebirge allemal schöner als dichter Wald.
Ihren speziellen Reiz aber erhält die Region durch ihre Vielfalt, für die die so unterschiedlichen Gesteinsformationen sorgen. Da gibt es den Flysch, ein weiches Material, das stark verwittert und für so runde Bergformen wie beim Riedbergerhorn sorgt. Eine Allgäuer Spezialität ist der Nagelfluh, ein an Waschbeton erinnerndes Konglomerat. Es schafft eine sehr malerische, kleinräumige Felslandschaft mit bizarren Türmen und Zacken, mit überall verstreuten Blöcken usw. Der mittlere Bereich der Allgäuer Gipfelwelt wird von den Grasbergen geprägt, die aus Fleckenmergeln, Hornsteinen, Liaskalken und Aptychenkalken aufgebaut sind. Himmelhohe, jähe und oft auch auffallend glatte Hänge, die meist tief eingefressene Tobel zerteilen, sind die Folge.
Das alles ist mit einer außergewöhnlich üppigen Vegetation – mit reichstem Blumenschmuck – überzogen. Höfats und Schneck sind die beiden bekanntesten Vertreter der Steilgrasberge. Das nächste markante Gestein ist der Schrattenkalk, der unter anderem die kilometerweite Karsthochfläche des Gottesackers geschaffen hat. Schließlich bleibt noch das Gestein aller ganz großen Gipfel der Allgäuer Alpen, der Hauptdolomit. In seinem Bereich fin-

det man wilde Felsgipfel vom Hochvogel über die Mädelegabel bis zum Widderstein. Das Material ist jedoch meist recht brüchig, verwittert oft zu bizarren Formen und sorgt für große Geröllströme.
Es gibt wohl keine zweite Region, die mit einem so dichten Wegenetz überzogen ist wie der äußere Teil der Allgäuer Bergwelt. Nahezu jeden Gipfel dort kann man auf einem Steig – oft auch auf zwei, drei oder vier verschiedenen – erreichen. Es bieten sich also die schönsten Möglichkeiten für Überschreitungen und für Übergänge von Gipfel zu Gipfel. Dank der Vielzahl der Wege verteilen sich die zahlreichen Wanderer.
Wo die Berge höher und steiler werden, nimmt die Zahl der angelegten Steige ab; aber auch dort findet man noch viele Ziele. Erst im Reich der großen Felsgipfel wird das Wegenetz ganz weitmaschig; es sind vor allem die hochalpinen Hütten und ein paar bekannte Gipfel, die damit erschlossen werden. Doch wegen des steilen, felsigen Geländes erfordert etwa die Besteigung des Hochvogels einige alpine Erfahrung, Trittsicherheit und gute Verhältnisse.
Fazit: In der Oberallgäuer Bergwelt findet wirklich jeder das Passende – vom gemütlichen Spaziergang zu einem Aussichtspunkt bis hin zur Tour auf einen der ganz großen Gipfel.

Unten: Blick vom Koblat zum Hochvogel (Tour 37).
Folgende Doppelseite: Auf dem Iselergrat; im Hintergrund das Tannheimer Tal (Tour 12).

1 Starzlachklamm und »Alpenblick«

2.45 Std.

Spannender Klammweg und weiter Ausblick

Nach der Klamm der Breitach verdient die Starzlachklamm den zweiten Platz unter all den sehenswerten Tobeln des Allgäus. Sie beginnt ganz unvermittelt mit einem kleinen, breit gefächerten Wasserfall. Der abrupte Übergang von weichen zu sehr widerstandsfähigen Gesteinsschichten schuf dieses markante Tor. In Jahrtausenden hat sich die Starzlach in den Fels gefräst, der hier so hart ist, dass senkrechte Wände ausgewaschen wurden. Der Gang durch diese Unterwelt ist der Höhepunkt unserer Wanderung, das andere wie die weiten Ausblicke oder die Urlandschaft in den jähen, steilen Böschungshängen der Starzlach sind schöne Beigaben. Ein Schmuckstück ist das Leonhardi-Kirchlein mit seinem Schreinaltar von 1438 (deshalb erfolgt unser Start dort).

Ausgangspunkt: Leonhardi-Kirchlein, Berghofen, 775 m. Anfahrt von der B 19, Ausfahrt »Sonthofen Nord«, in Sonthofen bei der 5. Ampel (vor Obi) links ab auf die Berghoferstraße, geradeaus bis 200 m nach dem letzten Haus. Dort rechts (»Berghofer Stuben«), durch den Ort bis vor den Bergfuß und links zum Leonhardi-Kirchlein (Navi: 87527 Sonthofen-Berghofen, Burgweg 11). Mit dem Bus von Sonthofen Bhf. Linie Oberstdorf – Immenstadt (ca. halbstündlich), von dort Stadtbus Linie 2 nach Berghofen (stündlich).
Höhenunterschied: 400 Hm.
Anforderungen: Im Bereich des Bachtals größere und kleinere Fußwege im Steilgelände, häufig nass.
Einkehr: Seppl-Wirt (direkt am Parkplatz Winkel), Klammhütte (am Klammeingang).
Hinweis: Sind die wenigen Parkmöglichkeiten beim Berghofer Kirchlein belegt, kann man auf den großen Parkplatz in Winkel ausweichen.

Hinter dem Kirchlein in **Berghofen (1)** wandert man auf dem Feldweg hinauf zu einer Teerstraße und auf ihr wieder hinab ins nahe Winkel, 760 m, und zur **Starzlach (2)**. Durch ein Stangenholz geht es dann zum Klammeingang mit Hüttchen (Gebühr). Im ersten Teil der Schlucht imponieren die Felsblöcke, eine Chaos-Welt, durch die sich der Steig schlängelt. Dann folgt die eigentliche, ganz enge Klamm mit ihren senkrechten Wänden, an denen der Weg als eine Art Steg verankert ist. Bei der **Brücke (3)** verlässt man den Tobel und steigt im Steilgelände zum ganz frei gelegenen **Gasthof Alpenblick (4)**, 980 m, hinauf.

Dann geht es wieder hinab zur **Brücke (3)** und am Bach entlang noch ein Stück talein, bis der Steig die südseitigen Hänge erklimmt. In halber Höhe zieht er dann ein gutes Stück nach rechts, bevor er die Geländekante – mit sehr schönem Ausblick – erreicht. Auf dem Teersträßchen geht es hinab, bis kurz unter der Schießstätte der Hinweg erreicht wird, auf dem man wieder nach **Berghofen (1)** wandert.

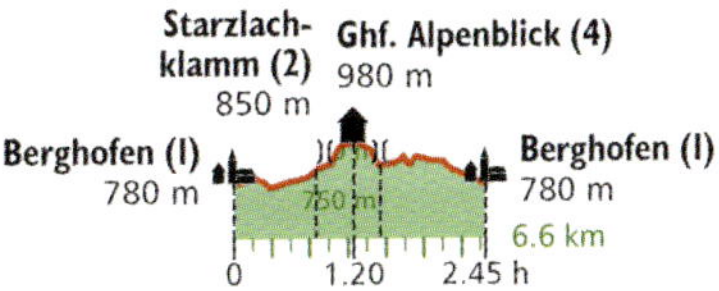

Im engsten Abschnitt der Starzlachklamm.

2 Grünten, 1738 m

3.45 Std.

Wächter am Eingang ins Illertal

Der Grünten ist ein allein stehendes Massiv, das weit gegen die Iller vorspringt. So wird er zu einem der markantesten und auffallendsten Berge überhaupt, zusätzlich macht ihn ein Fernsehsender unverwechselbar. Die freie Lage schenkt natürlich auch eine entsprechend großartige Aussicht, zu der ebenso die Allgäuer Berge wie das Alpenvorland, mit Kempten usw., gehören. So lockte dieser Berg schon immer Menschen in großer Zahl an. Während inzwischen die Nordseite von Skiliften überzogen ist, blieben die Süd- und Südosthänge von aller Erschließung verschont und bieten so die interessanteste Rundtour.

Ausgangspunkt: Parkplatz oberhalb von Burgberg, 950 m (Navi: 87545 Burgberg im Allgäu, Auf dem Ried 1). Im Ort beim Gasthaus Löwen nach Osten empor und den Schildern zum »Alpenblick« folgen zu einer freien Weidefläche mit Hütte; mehrere, trotzdem oft überfüllte Parkplätze. Mit dem Bus ab Sonthofen bis Burgberg Ortsmitte (alle 1 bis 2 Std.).
Höhenunterschied: 800 Hm.
Anforderungen: Kurzzeitig Forst- oder Alpstraßen, sonst viel begangene Fußwege, teilweise steinig oder erdig, bei der Abstiegsroute ist Trittsicherheit hilfreich.
Einkehr: Grüntenhaus, Schwandalpe, Gasthaus Alpenblick.

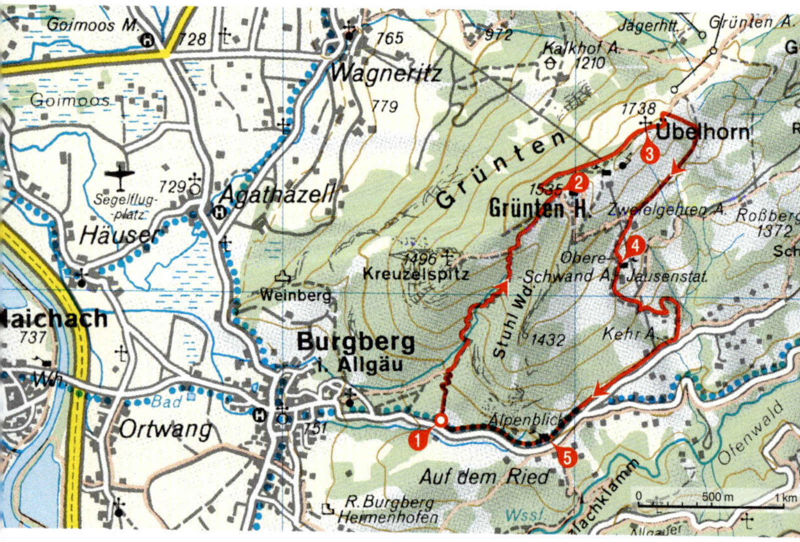

Grünten-Gipfelgrat und Fernsehturm.

Vom Parkplatz oberhalb von **Burgberg (1)** erreicht man auf einem Fußweg nach einem kurzen Aufstieg über die Lichtung eine Forststraße und nach einigen Kehren eine Abzweigung. Immer im urigen, engen Wusttobel bleibend steil durch Hochwald ansteigend, bis zu einer weiten Wiesenmulde und zum **Grüntenhaus (2)**, 1535 m. Dann geht es über den Kamm auf der linken Seite zum Sendemast empor, unter ihm hindurch und noch ein Stück aufwärts zum felsigen Gipfel des **Grünten (3)**, auch Übelhorn genannt, mit dem wuchtigen Gebirgsjäger-Denkmal. Kurz nach Norden hinab (leichte Kletterei), dann folgt ein kleiner Steig dem Ostgrat. Dieser biegt bald jedoch in die Steilgrasflanke mit ihrer üppigen Flora ein, um schließlich bei der Zweifelgehrenalpe wieder einen größeren Weg zu erreichen.

Auf ihm wandert man – an der **Schwandalpe (4)**, 1319 m, vorbei – hinab zur Forststraße. Beim Rückweg kommt man zum **Gasthaus Alpenblick (5)** und bald danach zum Parkplatz in **Burgberg (1)**.

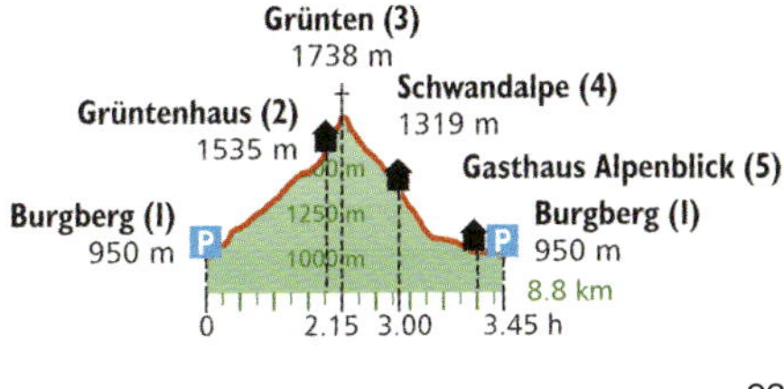

3 Falkenstein, 1115 m, am Rottachberg

3.00 Std.

Wald, senkrechte Felsen und schöne Ausblicke

Dem Grüntenmassiv ist im Nordwesten ein gut 6 km langer Kamm vorgelagert, dem die Nagelfluhfelsen teilweise zu einem markanten Aussehen verhelfen. Er heißt Rottachberg, und sein höchster Punkt ist unser Falkenstein. Vom Gipfel genießt man einen freien Blick nach Westen, da hier der Fels 30 m senkrecht abbricht. Die Südostflanke des Kammes besteht aus Bauernland mit vielen freien Flächen, während die Nordwestseite sehr steil abfällt, von Felsfluhen durchsetzt und mit Wald überzogen ist. Trotz der vielen Bäume ist unsere Route dank der Felsen sehr interessant, besonders der kleine Nagelfluh-Grat am Beginn der Tour ist ein echtes Unikum, dessen Begehung und Erforschung auch Kindern Spaß macht.

Ausgangspunkt: Wanderparkplatz bei Freidorf, 725 m. Abzweigung von der Straße zwischen Immenstadt und Stein bei der Ruine Laubenstein, über die Iller und auf guter Straße nach Untermaiselstein. Geradeaus zum Bergfuß, ganz kurz nach rechts, dann nach links zum kleinen Wanderparkplatz nahe Freidorf (Navi: 87549 Freidorf bei Immenstadt). Busse verkehren unregelmäßig ab Immenstadt.

Höhenunterschied: 450 Hm.

Anforderungen: Zum Teil Forststraßen, sonst Fußwege.

Einkehr: Keine.

Variante: Man kann von Rettenberg, 806 m, bis zum Hof von Hinterberg, 1030 m, mit dem Auto fahren und den Falken dann zwischen Bäumen und über schöne Lichtungen in 25 Minuten besteigen.

Das Illertal vom Falkenstein.

Vom **Parkplatz (1)** bei Freidorf aus zieht der kleine, teilweise steile Steig an malerischen Felsen vorbei rasch empor und folgt dann gut 1 km lang der schmalen Schneide aus Nagelfluh. Am Ende des Grates trifft man auf eine Lichtung. Es geht kurz wieder durch Wald, danach über eine schöne Wiese. Dann wandert man auf einer Forststraße schräg rechts aufwärts zu einer Kreuzung. Hier biegt man links ab. Der Fahrweg verengt sich bald zu einem Steig, »Waldweg« genannt, auf dem man diagonal durch das steile Gelände – Felsen ober- und unterhalb – hinauf zum Grat mit einer Wiesenmulde aufsteigt. Bald danach ist die Aussichtskanzel kurz vor dem höchsten Gipfel des **Falkenstein (2)** erreicht.

Beim Abstieg folgt man dem »Gratweg«: Zurück zur oberen Wiesenmulde und gleich wieder empor auf die folgende Gratrippe. Hier den Hauptweg verlassen und auf kleinem Steig immer genau auf der teilweise schmalen Schneide nach Südwesten zum Beginn der weiten, freien Hänge wandern. In einer kleinen Grasmulde steht das Schild »Waldweg«. Ihm folgend geht es auf breitem Weg zu der beim Aufstieg erwähnten Forststraße und von dort zurück zum Ausgangspunkt am **Parkplatz (1)** über Freidorf.

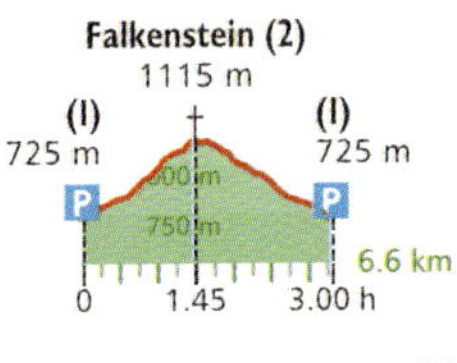

4 Vom Rottachsee zur Ellegghöhe

2.45 Std.

In weiter, sonniger Bauernlandschaft

Das ist eine der Wanderungen, die man gerne zu besonderen Zeiten unternimmt, etwa recht früh im Jahr oder relativ spät, nach längeren Regenfällen oder bei unsicherem Wetter. Ein guter Teil der Strecke führt nämlich über Straßen und größere Feldwege, auf denen einem der für das Allgäu bei Nässe typische Schmutz weitgehend erspart bleibt. Sehr weite, makellose Wiesenflächen bestimmen das Bild und sorgen für eine Fülle schönster Ausblicke bis hinaus nach Kempten oder etwa in die Tannheimer Berge. Und natürlich lädt der Rottachsee nach getaner Arbeit zu einem Bade.

Ausgangspunkt: Petersthal, 872 m. Parkplatz bei der Kirche. Von Oy nach Westen quer durch die Hänge 5 km nach Petersthal (Navi: 87466 Oy-Mittelberg-Petersthal, Thalstraße 25). Nur mäßige Busverbindungen ab Kempten.
Höhenunterschiede: 300 Hm.
Anforderungen: Eher gemütlich, meist Straßen und Feldwege, nur kurzzeitig Pfade, keine anspruchsvollen Stellen.
Einkehr: In Petersthal und Oberellegg.
Varianten: Beim Aufstieg kann man auch über das Burgkranzeneggerhorn, 1150 m, gehen, 40 Min. zusätzlich, Wegbeschreibung siehe unten.
Rückweg: In Holz links statt rechts, hinüber nach Acker, dort in spitzem Winkel nach rechts und 1,7 km auf dem Sträßchen sanft abwärts, Abstecher zum sehenswerten Wasserfall in einem stillen Waldwinkel, danach auf der Straße noch 200 m weiter, links an der Sennerei von 1893 vorbei und durch Uttenbühl nach Ried, 40 Min. weiter.
Tipp: Freibadestrand am Rottachsee unterhalb von Petersthal.

Blick über den Rottachsee ins Alpenvorland.

Von der Kirche in **Petersthal (1)** geht man wenige Schritte zum Gasthaus Löwen, dort rechts über Schachen- und Burgstraße zum Tobelweg. In diesem malerischen Waldtal steigt man hinauf nach Burgkranzegg. Links 100 m hinab, dann biegt man rechts ab und steigt zwischen den Wiesen zur Verzweigung in 1020 m Höhe hinauf. Nun entweder auf dem rechten Weg 500 m zur nächsten Verzweigung, 1039 m. Oder: Geradeaus empor auf einem Fußweg auf das Burgkranzeggerhorn, 1150 m, über den Rücken nach Nordosten, bei der ersten Verzweigung rechts, am Bergfuß nochmals rechts und ebenfalls zu Punkt 1039 (40 Min. weiter).
200 m später geht es links bergauf zu einem einsamen Haus und in einer Schleife auf den Höhenkamm, 1115 m, von **Oberellegg (2)**. An zwei Gasthäusern vorbei wandert man auf der Straße über die höchste Höhe mit schönsten Ausblicken 2,1 km nach **Binzeler (3)**.
Der Abstieg: Hinab nach **Holz**, dort 700 m nach rechts, nach der Kapelle auf einem Feldweg über die Wiesen hinab nach Ried, auf der Fahrstraße 300 m nach rechts, dann durch den urigen **Rukatztobel (4)** zum See und an ihm entlang wieder nach **Petersthal (1)**.

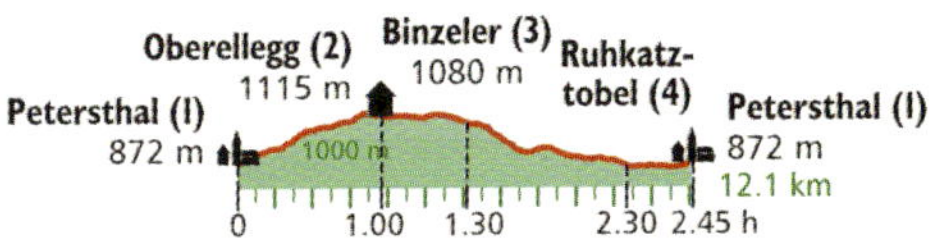

5 Buronhütte, 1170 m, und Grüntensee

1.45 Std.

Buntes Potpourri mit Wald, Wiesen, Alpen und weiter Wasserfläche

Im Winter herrscht hier ein sehr lebhafter Skibetrieb, im Sommer genießt man mehr die Ruhe, muss allerdings zu Fuß zum Ziel hinaufsteigen. Die besonderen Attribute bei dieser Bergwanderung sind die vielen freien Ausblicke, der rasche Wechsel von Wald und Wiesen und der Kontrast von freundlicher Bergwelt und einer immerhin 2,4 km langen Wasserfläche.

Ausgangspunkt: Buron-Skilift, 890 m. Von der Allgäu-Autobahn (Ausfahrt Oy) auf der B 310 bis zur Ampel im Osten von Wertach. Dort links und noch 2 km zum großen Parkplatz beim Lift (Navi: 87497 Wertach, Grüntenseestraße 44). Mäßige Busverbindung Wertach – Nesselwang.
Höhenunterschied: 340 Hm.
Anforderungen: Beim Aufstieg und kurzzeitig beim Abstieg Fußwege, die ziemlich direkt bergauf und bergab führen, ansonsten Alpstraßen und Bauernwege.
Einkehr: Gaststätte Grüntensee (am Ausgangspunkt); Buronhütte, 1170 m, privat, 34 Schlafplätze, Tel. +49 8365 290.
Tipp: Folgt man am Ende der Tour noch 300 m dem Uferweg, anstatt zum Parkplatz zurückzugehen, kommt man zu einem Badestrand.

Der Grüntensee mit Alpspitz.

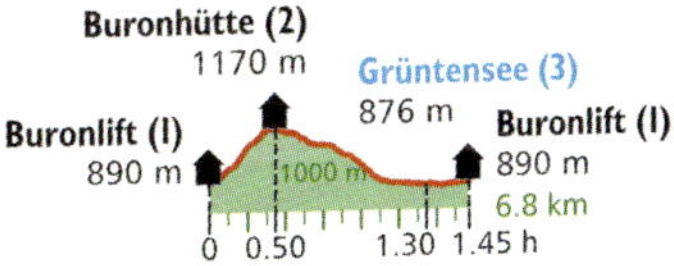

Am Grüntensee.

Der Anfang des Aufstiegspfades am **Buron-Skilift (1)** liegt genau vis-à-vis der Einfahrt zum Campingplatz. Er beginnt links des Bachs, folgt kurz der rechten Seite, um dann wieder nach links zurückzukehren. Nun geht es – immer parallel zum Bach – mit vielen schönen Ausblicken, vor allem auf den Grüntensee, ziemlich direkt empor, bis man in 1165 m Höhe auf ein Sträßchen trifft. Knapp links davon steht die stattliche **Buronhütte (2)**, 1170 m.

Nach wenigen Metern auf einem holperigen Fahrweg kommt man zu einem Alpsträßchen, das nach einem Waldstück die Weideflächen und die Haslachalpe erreicht. Von dort folgt man der kleinen Teerstraße längs der Wiesen, dann ganz kurz im Wald, schließlich wieder über schöne freie Wiesen. Am Waldrand – nach einer auffallenden Kurve – zweigt der Fußweg ab, der recht direkt durch Wald und über Lichtungen zur Straße Wertach-Nesselwang führt. Gleich gegenüber geht es weiter, bei der Verzweigung links und durch eine recht ursprüngliche Moor- und Auwald-Landschaft zum **Grüntensee (3)** und kurz wieder empor zum Ausgangspunkt am **Buron-Skilift (1)**.

6 Reuterwanne, 1542 m

2.20 Std.

Grasschopf über dem Tal der Wertach

Der makellose, leicht nach innen gewölbte Wiesenhang auf der Südseite macht die Reuterwanne unverkennbar. Vermutlich ist diese Bezeichnung für einen Berg nicht ganz richtig; als Wanne kann man eigentlich nur diese auffallende Steilmulde und nicht den Gipfel darüber bezeichnen. Von allen Seiten führen Steige auf das breit gelagerte Massiv, sodass sich nicht nur unsere Route, sondern auch Rundtouren von Jungholz und Hinterreute anbieten. Vom freien Gipfel genießt man ein weites Panorama, aber auch reizvolle Tiefblicke mit dem Grüntensee als besondere Attraktion.

Ausgangspunkt: Alpenhof Reuterwanne, 1100 m. Von der Allgäu-Autobahn (Ausfahrt Oy) auf der B 310 an Wertach vorbei zur Abzweigung der Straße nach Jungholz hinter der ersten Talenge. Hier links auf kleiner Mautstraße zum Alpenhof Reuterwanne (Navi: 87497 Wertach, Reuterwanne 1). Kein Busverkehr (unten an der Hauptstraße Haltestelle der Linie Wertach – Oberjoch (unregelmäßig).
Höhenunterschied: 460 Hm.
Anforderungen: Bergwege ohne Probleme, doch Aufmerksamkeit bei der Orientierung ist wichtig.
Einkehr: Alpenhof Reuterwanne, Untere Reuterwannealpe.

Vom **Alpenhof (1)**, 1100 m, wandert man 250 m durch den Wald zur nächsten Weidefläche. Hier biegt man links ab, steigt über die Matten (Pfad anfangs undeutlich) in die auffallende Lücke empor und setzt dann den Aufstieg neben und auf dem Grat – teilweise recht steil im Jungwald – zur nächsten, schönen Lichtung fort. Einen auffallenden Kopf rechts umgehend kommt man in eine weitere Scharte. Rechts durch den Hang erreicht man eine Schneise, durch die man zum oberen Grat und an ihm zum Gipfel der **Reuterwanne (2)** aufsteigt.

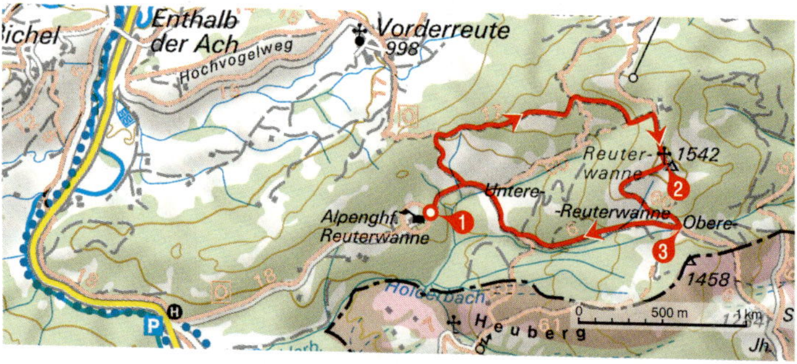

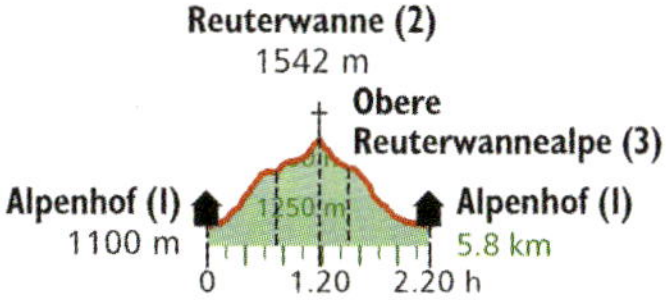

Beim Abstieg folgt man erst dem Grasgrat nach Südwesten und steigt dann durch die Mattenflanke zur **Oberen Reuterwannealpe (3)** ab. Genau im Süden etwas unterhalb beginnt ein steiler Ziehweg, der durch Wald zu den Wiesen der stattlichen Unteren Reuterwannealpe führt. Von dort geht es auf der Straße zurück zum **Alpenhof (1)**.

Blick von der Reuterwanne über das Wertachtal.

7 Zinken, 1620 m, am Sorgschrofen

3.00 Std

Kecker Zacken mit Felsdekoration

In den Voralpen stehen zwischen den oft behäbig breiten Bergen immer wieder malerische Felsgestalten, die in dieser Umgebung natürlich besonders ins Auge fallen. Zu diesen Ausnahmegipfeln gehört der Sorgschrofen, eine etwa 500 m lange Zackenkrone aus Hauptdolomit, die das Tal der Wertach zwischen Jungholz und Unterjoch beherrscht. Auf den beiden Enden des Gipfelgrates steht je ein Kreuz, zu denen zwei ganz unabhängige Steige hinaufführen. Unsere Route steuert den Südgipfel an, der auch Zinken genannt wird, und der mit zwei großen Felsenfenstern dekoriert ist.

Ausgangspunkt: Parkplatz, 1070 m, 300 m vor dem Gasthaus Rehbach. Vom Ortsteil Oberjoch, 1140 m, auf breiter Straße hinüber zum Beginn des Tannheimer Tals. Dann gleich bei der Tankstelle links und 2,7 km über Wiesen zum Waldrand mit dem kleinen Parkplatz (Navi: A-6677 Schattwald-Rehbach, Nummer 1). Kein Busverkehr.
Höhenunterschied: 550 Hm.
Anforderungen: Bergwege, teilweise steil und recht holperig, am Gipfel interessante Felsen mit Drahtseil.
Einkehr: Gasthaus Rehbach.

Der Zinken-Sorgschrofen-Grat.

Der felsige Zinken-Gipfel.

Vom Parkplatz beim **Gasthaus Rehbach (1)** aus geht es über Wiesen gerade empor und drüben wieder etwas abwärts zu einem Teersträßchen, auf dem man nach rechts die sehr schön gelegenen **Zehrerhöfe (2)** erreicht. Rechts um den letzten Hof kommt man auf breitem Weg in wenigen Minuten zur Abzweigung des Gipfelsteigs. Erst ein Graben, dann lockerer, aber sehr steiler und steiniger Wald ist das Wesentliche beim nächsten Wegabschnitt, dann zieht eine Weidefläche zum Kamm empor. Immer etwas rechts des Grates wandert man an manchem malerischen Zacken vorbei zum Gipfelfuß. Über steilen, aber gut gestuften Fels (Kletterstelle Schwierigkeitsgrad I), dann durch ein großes Felsenfenster geht es – mit Hilfe eines Drahtseils – zum schmalen Gipfel des **Zinken (3)** hinauf.

Zurück zum Ausgangspunkt beim **Gasthaus Rehbach (1)** geht es auf demselben Weg.

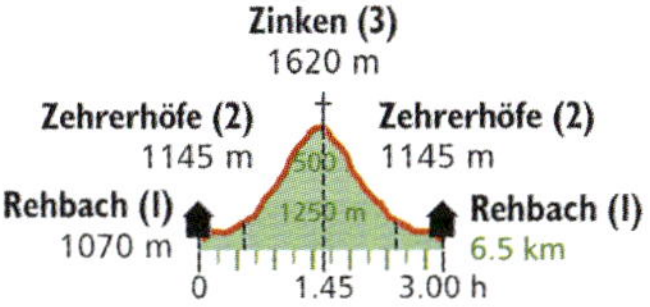

8 *Spieser, 1651 m, Jochschrofen, 1625 m*

3.30 Std.

Beliebte Voralpenberge über dem Oberjoch

Mit seinen 1140 m ist Oberjoch der am höchsten gelegene richtige Ort in Bayern. So wird die recht beliebte Tour zum Spieser zu einem nicht allzu langen und relativ mühelosen Ausflug. Aus der Jochlandschaft mit ihren begrenzten Ausblicken kommt man rasch in das freie Alpgelände hoch über dem Tal der Ostrach bei Bad Hindelang. Zum erstaunlich weiten Gipfelpanorama gehören dann auch Hochvogel, Widderstein, Hoher Ifen … Mit dem Übergang vom Spieser zum benachbarten Jochschrofen lässt sich die Wanderung zu einer schönen Rundtour ausdehnen.

Ausgangspunkt: Oberjoch, 1140 m. Von Hindelang auf der Jochstraße in den Ortsteil Oberjoch zum großen Parkplatz am oberen Ortsende. Dorthin auch von Norden auf der B 310, an Wertach vorbei (Navi: 87541 Bad Hindelang, Jochpass 1). Bus Oberstdorf/Sonthofen – Oberjoch ca. stündlich, von Wertach seltener.
Höhenunterschied: 620 Hm.
Anforderungen: Zum Teil Forststraßen, sonst Bergwege; eine kurze Steilstelle, sonst einfach.
Einkehr: Gasthäuser in Oberjoch, Hirschalpe.

Beim Aufstieg zum Spieser.

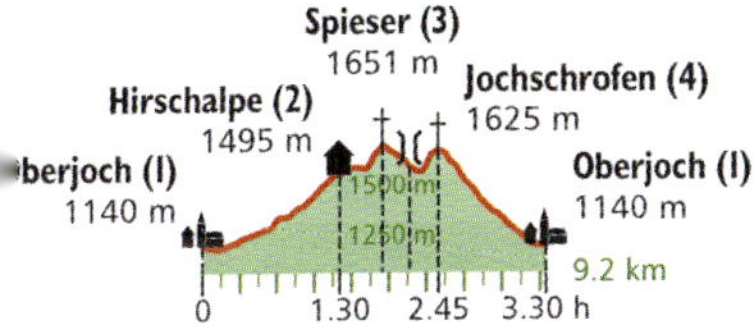

Blick vom Spieser Richtung Iseler.

Vom unteren Ende des Parklatzes in **Oberjoch (1)** geht es 300 m auf der Hauptstraße nach links, dann rechts empor, wo direkt oberhalb des Alpenhotels der Fußweg beginnt. Auf ihm steigend und querend zum Aussichtspunkt »Ifenblick« über Bad Hindelang. Etwas höher oben zieht dann der breite Weg durch das Steilgelände hinein zur Forststraße, auf der man die **Hirschalpe (2)**, 1495 m, erreicht. Bald hinter dem nahen Kreuz überquert man einen Bach und kommt dann zu einer Verzweigung. In steilem Gelände geht es nach rechts hinauf zum Südwestgrat des **Spieser (3)** und über ihn zum Kreuz. Vom Gipfel wandert man ostwärts über die freien Wiesenhänge schräg hinab zu einer kleinen Scharte, 1556 m, wo von rechts ein Weg von der Hirschalpe heraufkommt. Vor uns liegt die steile Nordflanke des Jochschrofens. Kurz geradeaus, dann rechts steil in wenigen Minuten hinauf auf den breiten Ornach-Rücken, 1576 m, mit Kreuz und prächtiger Aussicht. Ein 10-minütiger Abstecher leiter von hier auf den **Jochschrofen (4)**, 1625 m. Dann vom Ornach über die steilen Südhänge abwärts bis zum Wald, anschließend auf Teerstraße hinab zum Ausgangspunkt in **Oberjoch (1)**.

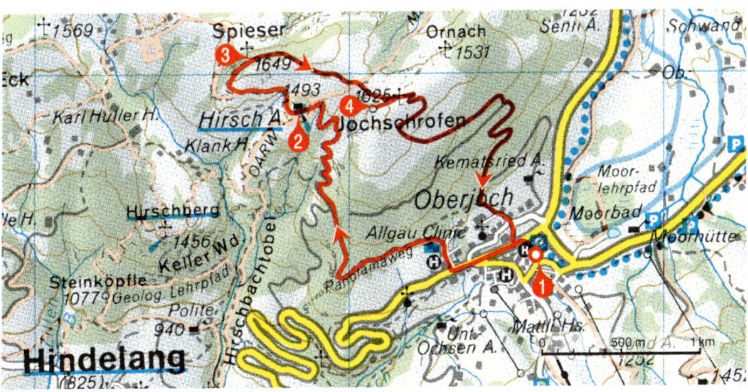

9 Hirschbachtobel, Wildbachtobel

2.30 Std.

Schluchtenwelt über Bad Hindelang

Tobel lautet die Allgäuer und Schweizer Bezeichnung für Schlucht. In manchen Gesteinsschichten, etwa Flysch, Nagelfluh und Hauptdolomit – wie bei unseren beiden Tobeln –, ist die Bildung von Schluchten besonders ausgeprägt; dadurch wird das gesamte Oberallgäu zur reinsten Tobel-Landschaft. Viele dieser Einschnitte sind mit Steigen erschlossen und bieten so dem Besucher sehr eindrucksvolle Erlebnisse. Zwei besonders malerische Tobel fassen wir hier zu einer – in dieser Art wenig bekannten – Rundtour zusammen.

Ausgangspunkt: Oberjoch, 1140 m. Von Hindelang auf der kurvenreichen Jochstraße in den Ortsteil Oberjoch und zum großen Parkplatz am oberen Ortsende. Dorthin auch von Norden auf der B 310, an Wertach vorbei (Navi: 87541 Bad Hindelang, Jochpass 1). Busverbindung Oberstdorf/Sonthofen – Oberjoch ca. stündlich, von Wertach seltener.
Höhenunterschied: 400 Hm.
Anforderungen: Kurzzeitig Forststraßen, sonst größere und kleinere Fußwege, in den Tobeln etwas Trittsicherheit nötig.
Einkehr: Gasthäuser in Oberjoch, unterwegs keine.

Vom unteren Ende des Parklatzes in **Oberjoch (1)** geht es 300 m auf der Hauptstraße nach links, dann rechts empor, wo direkt oberhalb des Alpenhotels der Fußweg beginnt. Dann steigend und querend zum Aussichtspunkt »Ifenblick« über Bad Hindelang. Etwas höher oben zieht dann der breite Weg durch das Steilgelände hinein zur **Forststraße (2)**. Auf ihr wandert man nur bis zur nächsten Kehre, 1310 m, hinauf, biegt dort links auf einen kleineren Fahrweg ab und folgt diesem 500 m weit. Steil ist dann der Abstieg in den sehr eindrucksvollen **Hirschbachtobel (3)** mit Wasserfall über die Krähen-

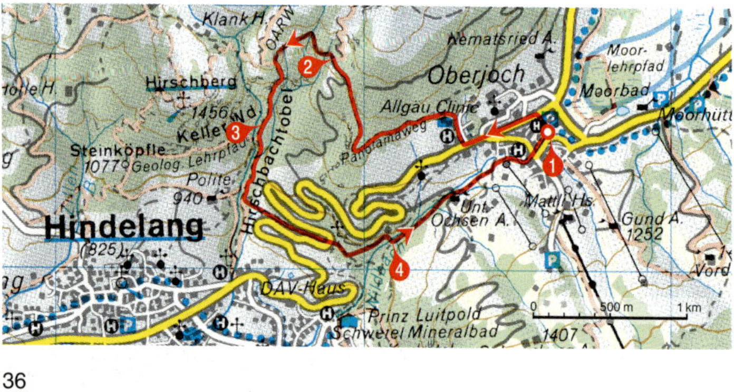

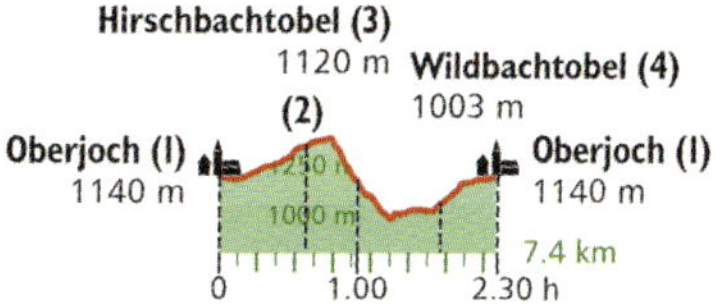

wand. Im malerischen Bachtal geht es ein gutes Stück abwärts bis 920 m Höhe, bis links ein Steig aus dem Tobel auf die freien Weideflächen hinaufführt. Man quert sie – nur anfangs etwas steigend – und die Jochstraße, dann weiter zum Waldrand ganz im Osten. Rasch ist dann der **Wildbachtobel (4)** mit seinen schwarzen Felsen und dem vielen Grün erreicht. Auf kleinem, oft nassem Pfad geht es rasch aufwärts zu einem Sträßchen. Man überquert die Brücke, dann wandert man über die Wiesen endgültig hinauf nach **Oberjoch (1)**.

Der Hirschbachtobel.

10 Hirschberg, 1500 m

3.00 Std.

Felsige Aussichtskanzel steil über Bad Hindelang

Unmittelbar und recht steil ragt über Hindelang ein abgerundeter Kopf auf, dessen jähe Hänge ein Mosaik aus Felsen, Grasflächen und einzelnen, teilweise uralten Bäumen bilden. Zur Unterscheidung des Namensvetters im Osten des Spieser bezeichnen wir diesen Gipfel als Hindelanger Hirschberg. Auf manchen Karten und in Führern wird irrtümlich eine Höhe von 1479 m angegeben, diese bezieht sich jedoch nicht auf den Gipfel, sondern auf das Hirschbergkreuz. Auf kleinen, abwechslungsreichen Steigen lässt sich der interessante Berg rasch erreichen; beim Abstieg lernt man dann noch eine viel sanftere Landschaft mit Weideflächen und Wäldern kennen.

Ausgangspunkt: Bad Hindelang, 820 m, Parkplätze an der B 308 (Navi: 87541 Bad Hindelang, Poststraße 1). Busverbindung Oberstdorf/Sonthofen – Bad Hindelang ca. stündlich.
Höhenunterschied: 700 Hm.

Anforderungen: Am Berg nur gut angelegte, trotzdem alpine Fußwege, teilweise steiles Gelände.
Einkehr: Gasthäuser und Cafés in Hindelang, oberhalb des Ortes Café Polite, unterwegs keine.

Vom Parkplatz in **Bad Hindelang (1)** wandert man durch den Ort immer gerade aufwärts Richtung Gailenberg, bis man oberhalb der Häuser an den Zillenbach kommt. Auf Fußwegen geht es kurz im Bachbett weiter, dann steigt man rechts davon durch die Hänge ein gutes Stück hinauf zu malerischen kleinen Felsen. Der Steig zieht dann teilweise zwischen Buschwerk, zum Teil im Wald an den Fuß der Steilhänge empor. Es folgen zahllose Serpentinen, erst auf der linken Seite über freie Hänge, dann immer in der äußerst steilen, felsdurchsetzten Südwestflanke mit einzelnen, oft uralten Bäumen und viel Windbruch. Schließlich kommt man zum ganz frei gelegenen **Hirschbergkreuz (2)**, 1479 m, mit herrlichem Tief- und Fernblick. Der eigentliche Gipfel des **Hirschbergs (3)** – ohne Ausblicke – liegt noch 21 m höher.

Von dort oben steigt man dann durch Gassen zwischen dem

Buschwerk nach Norden in den folgenden Sattel mit der **Klankhütte (4)** ab. Bei der Kapelle beginnt der weitere Abstieg über eine schöne Lichtung, dann auf Forststraßen, bis man nach längerer Zeit wieder die Gailenberger Straße und den Ausgangspunkt in **Bad Hindelang (1)** erreicht.

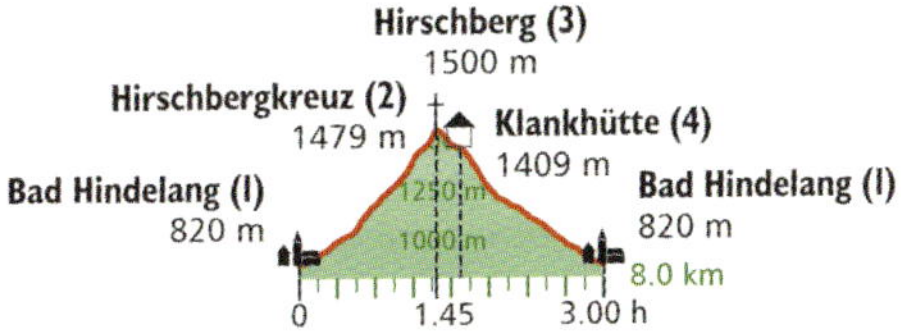

Der Kleine Hirschberg über dem Ostrachtal.

11 Imberger Horn, 1656 m

2.45 Std.

Rundtour hoch über Ostrach und Retterschwang

Der lange Kamm zwischen Iller und Retterschwang wirft ganz im Nordosten noch einen markanten Fels- und Steilgrasberg auf, das Imberger Horn. Ein schon etwas anspruchsvollerer Steig klettert über die jähen, teilweise üppig bewachsenen Hänge empor. Winterliche Lawinen sorgen für die reiche Vegetation, bei der das Erlenbuschwerk dominiert. Man kann den Gipfel auf einem ebenfalls spannenden Steig nach Süden überschreiten, muss dann beim Rückweg allerdings einen kleinen Gegenanstieg in Kauf nehmen.

Ausgangspunkt: Talstation der Hornbahn. Beim Kreisel im Westen vor Hindelang rechts und noch 600 m zur Talstation (Navi: 87541 Bad Hindelang, Ostrachstraße 20). Busverbindung Oberstdorf/Sonthofen – Bad Hindelang ca. stündlich.

Höhenunterschied: 500 Hm.

Anforderungen: Bergwege in teilweise sehr steilem Gelände, Trittsicherheit nötig, bei Nässe unangenehm.

Einkehr: Strausbergalpe, Berggasthaus Gletscherspalte (an der Bergstation).

Von der **Talstation der Hornbahn (1)** fährt man mit der Gondel zur **Bergstation (2)** auf 1310 m. Von dort auf dem breiten oberen Panoramaweg hoch über dem Osttachtal leicht ansteigend und aussichtsreich westwärts. Vorbei am Burgschrofen (rechts, etwas unterhalb) bis zum höchsten Punkt der Weges, wo links der Aufstieg zum Imberger Horn beginnt; kräftig ansteigend über die nordseitigen Steilhänge hinauf. Auch der Weiterweg im Wald zum Nordostgrat führt stets steil aufwärts. Der letzte Abschnitt über den Kamm und in der linken Flanke des nun felsigen Grates auf das **Imberger Horn (3)**

lässt sich dann einfacher begehen.
Immer nahe dem teilweise schmalen, oft von Bäumen besetzten Grat auf den markanten, kreuzgeschmückten Südgipfel, 1564 m, Sicherungen. Auf weitem, ziemlich zugewuchertem Rücken mit vielen Baumstümpfen – trotzdem schöne Ausblicke – hinab und noch vor dem Strausbergsattel halb rechts durch eine Grasmulde hinunter zu den Weideflächen am Talschluss. Knapp oberhalb (3 Min., Abstecher) der **Strausbergalpe (4)**, 1226 m, schräg rechts und teils recht steil über Weiden und später durch Wald zu einer Schulter und schließlich zum Sattel, an dem der Aufstieg zum Gipfel begann. Von hier auf dem bekanntem Höhenweg zurück zur **Seilbahn (2)**, mit der es hinab zur **Talstation der Hornbahn (1)** geht.

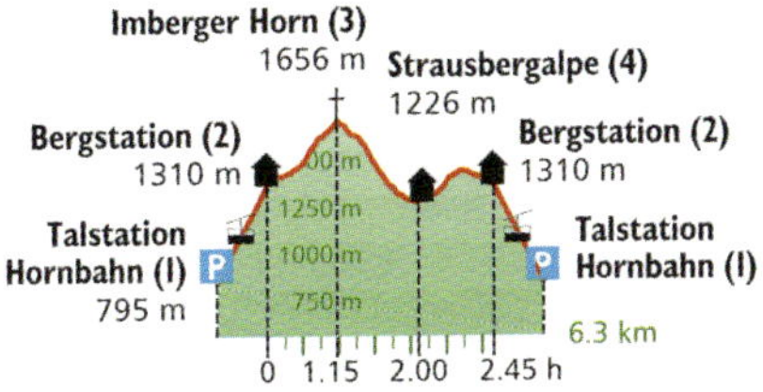

Blick ins Retterschwanger Tal beim Abstieg.

TOP

12 Iseler, 1876 m, Kühgundkopf, 1907 m

3.30 Std.

Markanter Felskamm steil über dem Oberjoch

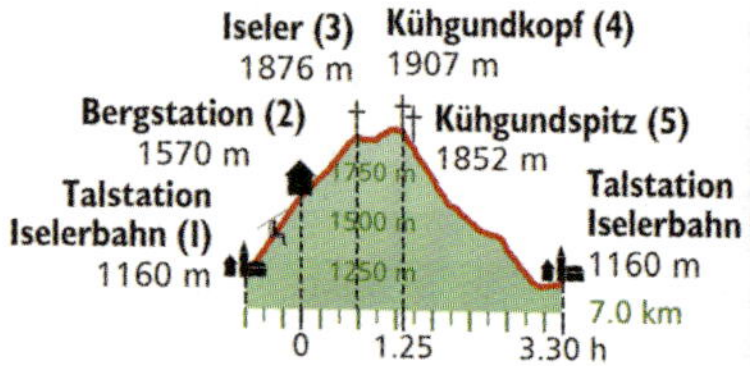

Mit Recht schätzt man den Iseler als Aussichtsberg. Die vorgeschobene Lage ermöglicht eindrucksvolle Tiefblicke, etwa auf Bad Hindelang und Sonthofen, während im weiten Gipfelpanorama, wie so oft im Allgäu, der Hochvogel, 2592 m, dominiert. Doch nicht der Iseler, den jeder kennt, ist der Hauptgipfel des kurzen Kammes, sondern der benachbarte Kühgundkopf, der bei den Tirolern Wannenjoch genannt wird. Wer sich vor kleineren, etwas anspruchsvolleren Steigen nicht fürchtet, überschreitet beide Gipfel. Nach Norden bricht der gesamte Grat mit einer hohen, zerborstenen Felsflanke ab, der Steig hält sich deshalb an die sanftere Südflanke. Durch die Nordabstürze führen zudem am Iseler zwei und am Kühgundkopf ein Klettersteig (bis B/C).

Ausgangspunkt: Bad Hindelang-Oberjoch, 1160 m, Iselerbahn. Kleiner Ort ca. 350 Hm oberhalb von Bad Hindelang beim gleichnamigen Pass. Parkplatz an der Talstation (Navi: 87541 Bad Hindelang-Oberjoch, Passstraße 44). Bus von Oberstdorf/Sonthofen ca. stündlich, von Wertach seltener. Iselerbahn: Betriebszeiten Ende Mai bis Anfang November, 9.00–16.30 Uhr, Tel. +49 8324 973 614, www.bergbahnen-hindelang-oberjoch.de.

Höhenunterschied: 310 Hm Iseler, 120 Hm Kühgundkopf, insg. 830 Hm.

Anforderungen: Steig auf den Iseler zwar etwas steinig, doch für jedermann ohne Probleme zu begehen. Übergang zum Kühgundkopf hingegen anspruchsvoll – vor allem beim schrofigen Steilabstieg den Kühgundrücken hinab.

Einkehr: Iselerplatzhütte (5 Min. von der Bergstation).

Hinweis: Auf vielen Karten sind die Gipfel »Kühgundkopf« und »Kühgundspitz« umgekehrt bezeichnet.

Auf dem Gipfel des Iseler.

Blick vom Iseler ins Ostrachtal mit Bad Hindelang.

Von der **Talstation (1)** mit der Sesselbahn bis zur **Bergstation (2)** in 1570 m Höhe. Dann steigt man in Kehren über die folgenden Gras- und Latschenhänge ein gutes Stück empor zum Westgrat und erreicht auf dem breiten Weg bald den Gipfel des **Iseler (3)**. Beim folgenden Abstieg wird es spannend: Etwas rechts der Kante geht es auf teilweise splittrigen Schrofen steil hinab in den tiefsten Sattel, 1810 m, dann – wieder einfach – oft zwischen Latschen über den lang gezogenen Kamm auf den dominierenden **Kühgundkopf (4)**, 1907 m.

Der Weiterweg führt über die freie Schneide zum kreuzgeschmückten **Kühgundspitz (5)**, 1852 m, und von dort – sehr steil, steinig und teils unangenehm – auf und neben dem Nordgrat (Kühgundrücken) mit vielen kleinen, auch felsigen Absätzen weit hinab zu den ersten Bäumen. Dort verlässt man den Kamm, wandert durch die Hänge nach links hinüber zu einer Skiliftstation, quert dann nach Westen über eine feuchte Wiese und einen Tobel, um schließlich über freie Hänge, insgesamt etwas nach links, die Talstation des Wiedhagliftes an der Straße zu erreichen. 500 m sind es von dort noch zum Ausgangspunkt an der **Talstation (1)** der Sesselbahn.

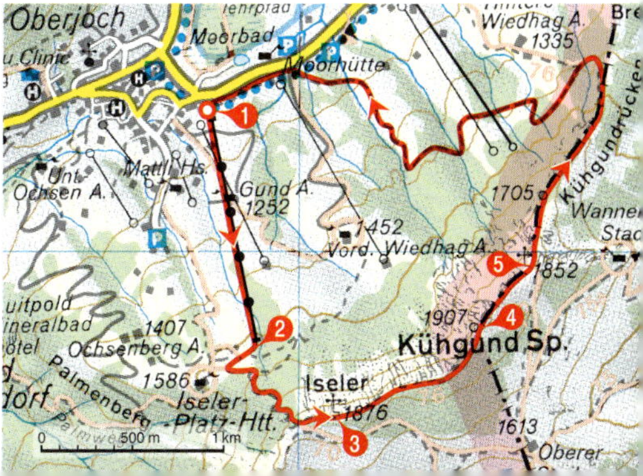

13 *Zipfelsalpe und Bschießer, 2000 m*

5.30 Std.

Durch eine Urlandschaft auf einen großen Gipfel

Die Hänge im Osten über Hinterstein steigen jäh empor und sind stark von Fels durchsetzt. Es gibt dort noch eine richtige Urlandschaft, durch die sich der Steig in geschickter Weise schlängelt. Umso größer ist dann die Überraschung, wenn man in das grüne, mit Matten überzogene Hochtal kommt. Die einfach bewirtschaftete Zipfelsalpe dort oben ist für die meisten das Endziel. Doch wer über ausreichende Kondition verfügt, wird noch auf den Bschießer mit seiner »praktischen« Höhe von genau 2000 m steigen und den hindernislosen Rundblick genießen.

Ausgangspunkt: Hinterstein, 866 m. Beim Kreisel am westlichen Ortsrand von Hindelang rechts ab und auf guter Straße nach Hinterstein, Parkplatz gleich nach der Kirche hinter der Zipfelsbach-Brücke (Navi: 87541 Bad Hindelang, Talstraße 47). Busverbindung Oberstdorf/Sonthofen – Bad Hindelang mit direktem Anschluss nach Hinterstein (ca. stündlich).
Höhenunterschied: Zur Alpe 680 m, auf den Bschießer insgesamt 1150 m.

Anforderungen: Bergwege in manchmal steilem Gelände, etwas Trittsicherheit wäre hilfreich.
Einkehr: Gasthäuser in Hinterstein, Zipfelsalpe.
Variante: Man kann vom Oberjoch (siehe Tour 12) mit der Iselerbahn zur Bergstation fahren und zur Westschulter des Iseler aufsteigen, um dann schräg abwärts durch die Steilhänge den Sattel der Oberen Stuibenalpe zu erreichen (gut 1 Std.).

Blick vom Bschießer zum Geißhorn.

Direkt vom Parkplatz in **Hinterstein (1)** führt der Fußweg am wild gischtenden Zipfelsbach entlang steil bergauf zur eisernen Brücke am zweiten Wasserfall. Dort beginnt unser weiterer Aufstieg. Man folgt dem linken, oberen Steig, der in dem stets sehr steilen Gelände mit ganz lichtem Wald und schöner Flora in vielen Kehren rasch emporführt.

Dann geht es hinein in das äußerst scharf eingeschnittene Tal und schließlich über eine Stufe mit Weidehängen zur bewirtschafteten **Zipfelsalpe (2)**, 1534 m, auf kleinem Boden. Man kann dann von dort in einem Bogen zu einem Geländerücken hinaufsteigen, wo von links der Weg vom Iseler herabkommt (Variante), und bald darauf den breiten Wiesensattel der ehemaligen Oberen Stuibenalpe erreichen.

Von dort geht es erst über Gras auf breitem Hang, dann über einen kurzen Grat, schließlich über feinen Schutt und ein paar splittrige Schrofen noch weit empor auf den Gipfel des **Bschießer (3)**, 2000 m. Der Rückweg ist derselbe wie der Aufstiegsweg.

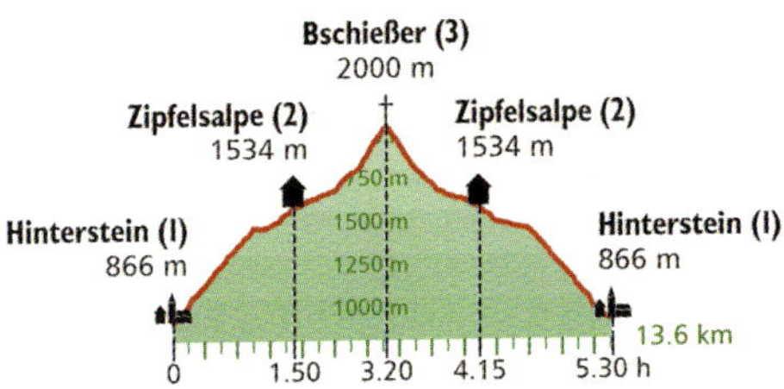

14 Zipfelsbach-Wasserfälle, Willersalpe

3.45 Std.

Malerische Wasserfälle, eine Aussichtskanzel und eine Hütte

Im innersten Ostrachtal versteckt sich Hinterstein, dessen schmalen, trotzdem sonnigen Talboden recht markante Berge überragen. Das passende Schlagwort für diese Region: große Auswahl! Da locken die sehr schönen, hohen, dreiteiligen Zipfelsbach-Wasserfälle, eine Aussichtskanzel mit Geländer und Bänken mitten in den Steilhängen und schließlich der Wildfräuleinstein. In den beiden tiefen Gufeln (Höhle, Felsnische) dieses brüchigen Felsens hausten einst die zwölf »Wildfräulein«, die mit so schönen Namen wie Rakattl und Hurlahutsch aufwarten konnten. Und dann gibt es noch die stattliche, zu einer Art Berggasthaus erweiterte Willersalpe in einem offenen, von Matten überzogenen Hochkessel. Nur reichlich eine Stunde bräuchte man von dort oben, wenn man den »schnellsten« der vier mit einem Steig erschlossenen Gipfel, das Zirleseck, 1872 m, erreichen wollte.

Ausgangspunkt: Hinterstein, 866 m, Parkplatz gleich nach der Kirche hinter der Zipfelsbach-Brücke (Navi: 87541 Bad Hindelang, Talstraße 47). Beim Kreisel am westlichen Ortsrand von Hindelang nach rechts und 6 km bis Hinterstein. Bus Oberstdorf/Sonthofen – Bad Hindelang mit direktem Anschluss nach Hinterstein (ca. stündlich).

Höhenunterschied: 670 Hm.

Anforderungen: Fast ausschließlich Fußwege, teilweise steiles Gelände, doch keine anspruchsvollen Stellen.

Einkehr: Gasthäuser in Hinterstein; Willersalpe, 1459 m, privat, 30 Schlafplätze, Tel. + 49 171 9939847.

Die Willersalpe: eine der letzten Alphütten im Allgäu ohne Zufahrtsstraße.

Direkt vom Parkplatz in **Hinterstein (1)** führt der Fußweg am wild gischtenden Zipfelsbach entlang rasch empor zur eisernen Brücke am zweiten Wasserfall. Nach kurzem Abstieg und steilerem Wiederanstieg – stets in lichtem Wald – erreicht man das **Köpfle (2)** mit Bank und schönstem Ausblick. Als nächstes Ziel steuert man quer durch die Hänge den **Wildfräuleinstein (3)** an und kommt dann, in der gleichen Richtung weitergehend, an den scharf eingeschnittenen **Willersbach (4)**, 1170 m.

Nun kann man gleich – sich immer rechts haltend – bequem nach Hinterstein absteigen (nach 800 m durch den Ort erreicht man wieder den Ausgangspunkt). Oder man unternimmt zuerst noch den Anstieg zur **Willersalpe (5)**; auf anfangs steilem Pfad, dann breitem Weg erreicht man dieses Ziel in einer Stunde. Danach erfolgt der Abstieg nach **Hinterstein (1)**.

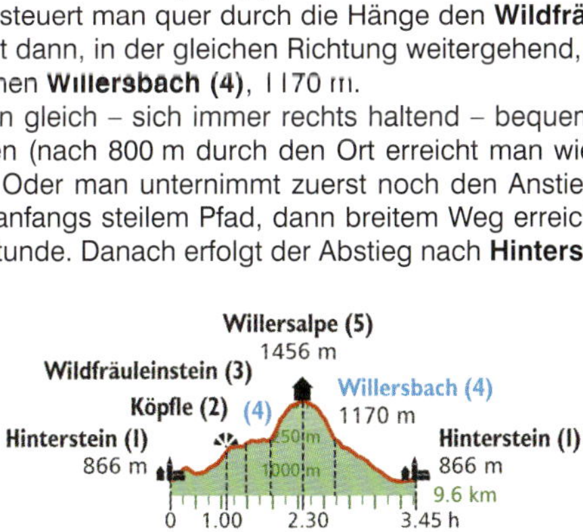

15 Schrecksee, 1813 m, Lahnerscharte, 1982 m

6.00 Std.

Freundlicher Hochgebirgssee und weite Aussicht

Obwohl der Schrecksee in gut 1800 m Höhe liegt, also nur 300 m unter den umliegenden Gipfeln, gehört er zu den freundlichen Hochgebirgsseen. Die saftig grünen Matten rundum, auf denen es im Frühsommer üppig und vielfältig blüht, und das auffallend intensive Blau schaffen diesen Eindruck. Der See hat also nichts »Schreck«haftes an sich. Würde da nicht Sonnen- oder Blumensee besser passen? Allenfalls könnte der Bergwanderer mit zu leichtem Schuhwerk über den Zugangsweg erschrecken, der recht rau und steinig ist.

Ausgangspunkt: E-Werk, 935 m, im Ostrachtal. Beim Kreisel am Ortsrand von Hindelang rechts ab, auf guter Straße nach Hinterstein, großer Parkplatz am Ortsende (Navi: 87541 Bad Hindelang, Rauhornweg 13). Ab hier Bus Richtung Giebelhaus bis zur Haltestelle E-Werk (www.wechs.net). Busverbindung Oberstdorf/Sonthofen – Bad Hindelang mit direktem Anschluss nach Hinterstein (ungefähr stündlich).
Höhenunterschied: Vom E-Werk zum Schrecksee 880 Hm, in die Lahnerscharte nochmals 180 Hm, insg. 1060 Hm.
Anforderungen: Teils anspruchsvolle Stellen, längere Zeit steil und steinig.
Einkehr: Gasthäuser in Hinterstein; Konstanzer Jägerhaus am Rückweg, etwas unterhalb des E-Werkes.
Variante: Erfahrene und Trittsichere können noch auf Steigspuren über Gras und feinen Schutt den Kastenkopf, 2129 m, besteigen. Man braucht zum Gipfel gut 20 Min.

Schrecksee und Kastenkopf.

Man steigt direkt vom **E-Werk (1)** auf steilem, steinigem Fußweg meist in lichtem Wald weit aufwärts und kommt dann auf den malerischen Boden der ehemaligen **Taufersalpe (2)**, 1338 m. Im jetzt freien Gelände wandert man talein an den Fuß der großen Felsstufe, die man ganz links überwindet. Über wellige Böden erreicht man eine Schulter östlich über dem **Schrecksee (3)**. Der Weg führt dann in weitem Bogen unter der Nordwand von Kälbelespitze, 2135 m, und Kastenkopf, 2129 m, hindurch und empor in die **Lahnerscharte (4)**, 1982 m, mit weitem Blick nach Süden.
Zurück zum **E-Werk (1)** auf demselben Weg. Der Rückweg zu Fuß vom E-Werk – vorbei am Gasthof **Konstanzer Jägerhaus (5)** – zum Parkplatz in **Hinterstein (6)** dauert 45 Min.

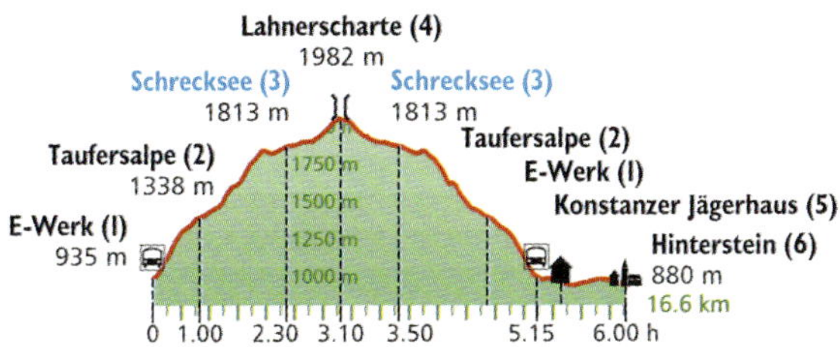

TOP **16** ## *Prinz-Luitpold-Haus, 1846 m*

4.30 Std.

Im Reich des Hochvogels

Auf einer Geländeschwelle knapp über einem Bergseelein thront diese stattliche Hütte mit immerhin 170 Plätzen. Sie dient den Bergsteigern vor allem als Stützpunkt für die Besteigung des Hochvogels, 2592 m, des wohl berühmtesten der großen Allgäuer Berge, der schon jedem heimischen Schulkind ein Begriff ist. Das Kuriose dabei: Trotz der schönen, freien Lage der Hütte sieht man vom Hochvogel ausschließlich das Gipfelkreuz, das gerade noch über die vorgelagerte Kreuzspitze lugt. Außerdem fallen im Hüttenbereich die ungewöhnlich gekrümmten und verbogenen Gesteinsschichten etwa am Wiedemer und an der Fuchskarspitze auf.

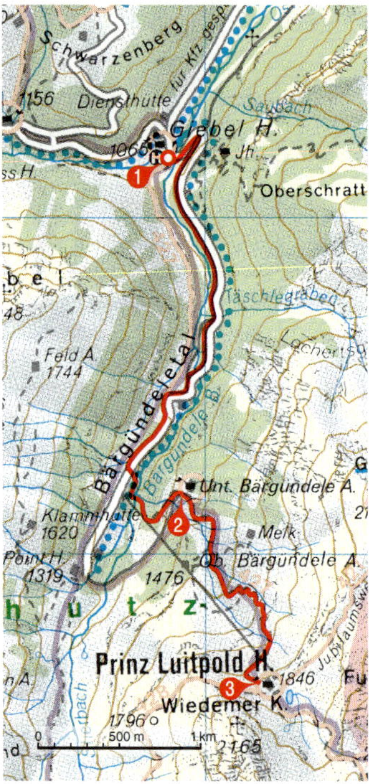

Ausgangspunkt: Giebelhaus, 1065 m, Hintersteiner Tal. Von Bad Hindelang 6 km ins enge Hintersteiner Tal, durch den langgezogenen Ort Hinterstein hindurch bis zum Parkplatz am Ortsende (Navi: 87541 Bad Hindelang, Rauhornweg). Busverkehr Oberstdorf/Sonthofen – Bad Hindelang mit direktem Anschluss nach Hinterstein (ca. stündlich). Mit dem Bus weiter zum Giebelhaus; Infos: www.wechs.net → Busverkehr.
Höhenunterschied: 800 Hm.
Anforderungen: Breite, sehr viel begangene Bergwege ohne schwierige Stellen.
Einkehr: Giebelhaus, Untere Bärgündelealpe, Prinz-Luitpold-Haus (DAV, 280 Schlafplätze, Reservierung über www.prinz-luitpoldhaus.de).

Vom **Giebelhaus (1)** geht es auf dem Sträßchen über den Wiesenboden und zwei Brücken auf die andere Talseite. Nach einer Schleife immer links über dem Bacheinschnitt taleinwärts, über eine weitere Brücke und zwischen Bäumen über eine Stufe. Dort zweigt der Hüttenweg nach links ab. Nach ganz kurzem Abstieg in den Talboden steigt man im Bereich des oberen, sehr malerischen Bärgündelebachs

Prinz-Luitpold-Haus und Bockkarscharte.

zur **Unteren Bärgündelealpe (2)** auf, von der aus man bereits hoch oben das Ziel erkennt. Über Alpweiden geht es in Serpentinen weiter empor. Dabei wird der Blick immer freier; vor allem der Steilgrasberg Schneck, 2268 m, bietet einen imposanten Anblick. Schließlich erreicht man von rechts das auf einem Geländerücken thronende **Prinz-Luitpold-Haus (3)**. Auf dem Aufstiegsweg geht es zurück zum **Giebelhaus (1)**.

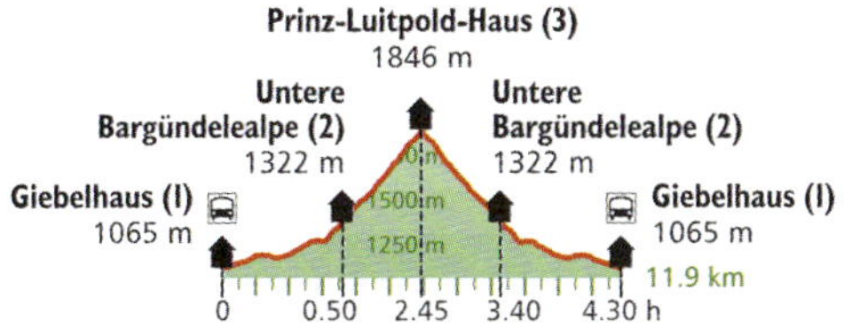

17 Engeratsgundsee, 1876 m

6.00 Std.

Großes blaues Auge unter den Daumen

Unsere Tour zum Engeratsgundsee – ein richtiger Zungenbrecher für Fremde – zeigt all die typischen Allgäuer Elemente: Steilgras mit reichstem Blumenschmuck, ein Hochkar mit einem großen, sehr malerischen Bergsee, eine felsige Gipfelwelt und weite Ausblicke. Bei unserem Ziel lässt sich's herrlich im Gras rasten, und die Fotofreunde begeistert der Hochvogel, der sich im kristallklaren Wasser spiegelt.

Ausgangspunkt: Hintersteiner Tal, Brücke über die Ostrach, 1030 m. Von Bad Hindelang ca. 6 km ins Hintersteiner Tal bis zum Parkplatz am Ortsende von Hinterstein (Navi: 87541 Bad Hindelang, Rauhhornweg 13) oder per Bus Oberstdorf/Sonthofen – Bad Hindelang nach Hinterstein (ca. stündlich). Vom Parkplatz Hinterstein Pendelbus Richtung Giebelhaus bis Haltestelle »Aufstieg Schwarzenberghütte», 1030 m (stündlich, Info: www.wechs.net, Tel. +49 8324 942320).
Endpunkt: Hinterstein Parkplatz, 880 m.
Höhenunterschied: 950 Hm im Aufstieg, 1100 Hm im Abstieg.
Anforderungen: Bergpfade, teils holperig u. in steilem Gelände, bei Nässe rutschig.
Einkehr: Hinterstein; Schwarzenberghütte, 1380 m, DAV, 50 Schlafplätze (Tel. +49 173 3927766).

Direkt bei der Bushaltestelle hinter der **Ostrachbrücke (1)** beginnt der Fußweg, der mit drei lang gezogenen Kehren durch Wald und über Lichtungen zur urgemütlichen **Schwarzenberghütte (2)** auf weiter Blöße hinaufführt. Mit etwas Höhenverlust geht es weiter zum scharf eingeschnittenen Gündlesbach und zur **Käseralpe (3)**, 1401 m; oberhalb imponieren die steilen Grashänge der Laufbichelkirche. In nun ganz freiem Gelände führt der Steig immer schräg durch die Hänge weiter empor, an der Engeratsgundalpe (auf vielen Karten noch mit dem alten Namen Gundleshütte) vorbei und dann

Engeratsgundsee.

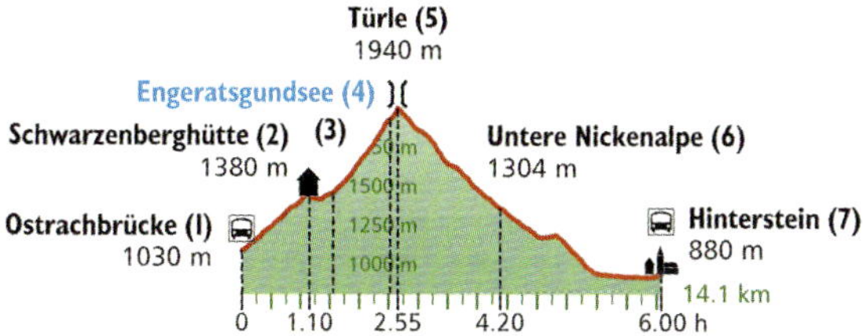

im Bogen über einen steilen Hang zur mächtigen Geländeschwelle, hinter der sich der großflächige **Engeratsgundsee (4)**, 1876 m, versteckt. Auf der Geländeschwelle wandert man nach rechts und steigt dann nochmals kurz empor in die scharf eingeschnittene Scharte, 1940 m, mit dem passenden Namen **»Türle« (5)**. Über einen steilen, rutschigen Hang gelangt man ins oberste Becken des Nickentals und in ihm zur Geländekante mit dem hier tief eingeschnittenen Bach. Rechts überlistet man die nächste Stufe, kommt dann zur **Unteren Nickenalpe (6)** und später zum Waldrand. Immer stark nach links zieht der Weg über Weideflächen und durch Wald hinab zur Ostrach und weiter auf leichtem Uferweg flussabwärts bis zu einer überdachten Holzbrücke; dort rechts und hinüber zum Parkplatz in **Hinterstein (7),** 880 m.

18 Falltobel und Stoffelberg, 1063 m

2.30 Std.

Reizvolle Wanderung und schöne Badegelegenheit

Ein urwüchsiger Tobel mit Wasserfall, weite Bauernwiesen, ein waldbedeckter Gratrücken, ein seine Umgebung deutlich überragender Berg – so heißen die wesentlichen Attribute dieser Wanderung im noch recht bergigen Voralpenbereich. Das Spezielle dabei sind die immer wieder besonders reizvollen Ausblicke. Und dann kann man den Ausflug mit einem Bad im Niedersonthofener See abrunden.

Ausgangspunkt: Parkplatz beim Sportplatz nahe der Kirche (Navi: 87448 Waltenhofen-Niedersonthofen, Sonnenstraße 10). Buslinien von Immenstadt und Kempten (nur einige Fahrten pro Tag).
Höhenunterschied: 400 Hm.
Anforderungen: Feldwege, Forststraßen und Fußwege ohne größere Probleme, Aufmerksamkeit bei der Orientierung wichtig.
Einkehr: Gasthäuser in Niedersonthofen, Berggasthaus Alpenblick.
Tipp: Einen Freibadestrand findet man an der Straße nach Memhölz am nordwestlichen Seeufer (400 m rechts davon zum öffentlichen Bad).

Höhenweg bei Rieggis.

Vom Parkplatz in **Niedersonthofen (1)** an der Kirche vorbei, kurz auf der Straße am Angerfeld, dann fast 1 km immer auf der Mühlbergstraße an schönen neuen und umgebauten Häusern vorbei bis in den hintersten Winkel. Im Bachtal zum **Falltobel-Wasserfall (2)** hinauf ins freie Gelände. Über eine Wiese auf ein Teersträßchen empor und ziemlich gerade auf die Durchgangsstraße in **Rieggis (3)**, 963 m. 30 m nach rechts, dann auf der Dorfstraße zu den obersten Höfen auf einer Art Wiesensattel. Hier rechts ab, zum zweiten Hof, an ihm links vorbei und nach links kurz über einen Bauernweg, durchs Kreuz, dann am Rand der Weidefläche an der Geländekante (mit senkrechten Felsen, von oben aber nur zu ahnen) und am Waldrand empor auf eine 1030 m hohe Höhe mit Bank und Prachtblick auf Grünten, Daumen, Mädelegabel, Hochgrat … Auf und knapp neben der Höhe im Fichtenwald oder am Rand der malerischen Bauernwiesen in einen Sattel mit Straße, 1014 m, und dann immer auf dem dicht bewaldeten Kamm auf den nächsten Kopf und über eine Senke hinweg auf den **Stoffelberg (4)**, 1063 m.
Vom Gipfel hinunter zum **Gasthaus Alpenblick (5)**, 905 m. Vom Gasthaus auf der ins Tal führenden Straße 250 m, dann beim Wegweiser rechts und hinab nach **Niedersonthofen (1)**.

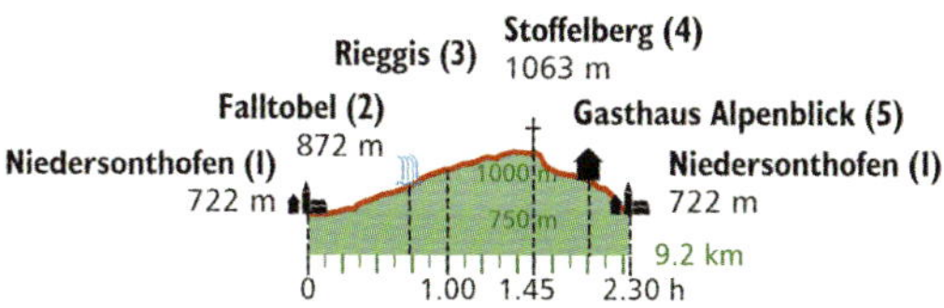

19 Hauchenberg, 1242 m, und Kühberg

5.00 Std.

Sonnige Bergrücken und Höhen im Voralpenland

Gleichzeitig mit der Alpenfaltung setzte natürlich auch die Verwitterung und Abtragung ein. Ein Teil des Schlamms und Gerölls wurde als Molasse in dicken Schichten im Norden abgelagert – im Bereich zwischen dem heutigen Immenstadt, Oberstaufen und Isny in Form von Konglomerat. Später gab es auch hier eine Auffaltung, und so entstanden die lang gestreckten Kämme wie unser Hauchenberg. Es handelt sich also nicht um Moränen, wie man immer wieder lesen muss. Die Region bietet zahlreiche Wald-, vor allem aber Wiesenwanderungen mit herrlichen Ausblicken.

Ausgangspunkt: Parkplatz im Ortskern von Missen (Navi: 87547 Missen-Wilhams, Hauptstraße 17). Busverkehr Immenstadt – Missen (unregelmäßig, mehrmals täglich).

Höhenunterschied: Mit den Gegenanstiegen 500 Hm.

Anforderungen: Häufig Bauern- oder Forststraßen, teilweise Fußwege, Sorgfalt bei der Orientierung wichtig.

Einkehr: Gasthäuser in Missen, Diepolz, Knottenried; Kling's Hütte (unterhalb des Turms), Höflealpe (am Bergbauernmuseum).

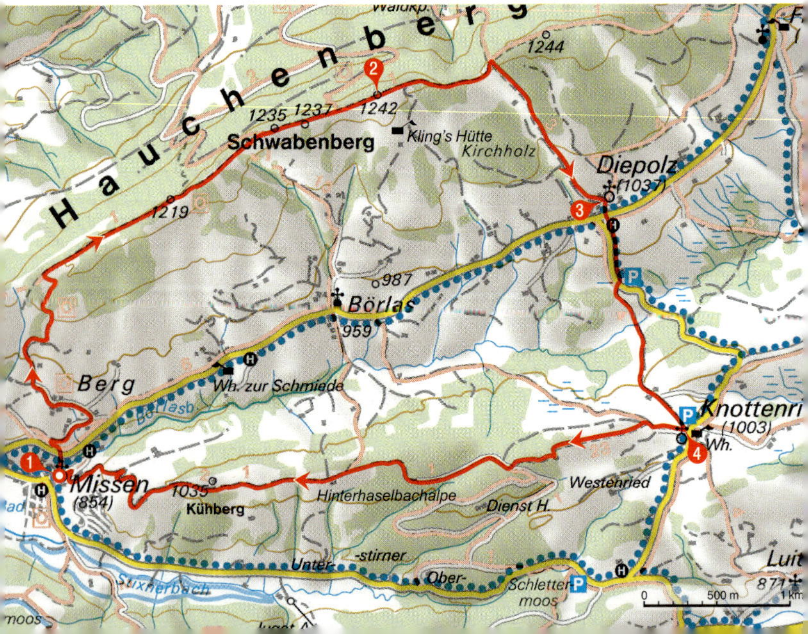

Auf dem Hauchenberg-Grat.

Vom Parkplatz in **Missen (1)** über Dorfstraße und Schulweg, die Umgehungsstraße überquerend, nach Berg. Zwischen den Häusern schräg links aufwärts, dann auf altem Feldweg erst gerade empor, später etwa eben nach rechts zu freien Wiesen. Sich an den Bänken orientierend gerade hinauf zum Bockerstein, einem Felsturm, und weiter auf den Rücken des Hauchenbergs. Nun 3,5 km auf dem Kamm über zwei Zwischenköpfe in den tiefsten Sattel, 1180 m. Ganz kurz wieder empor auf die »**Hauchenberg Höhe**« **(2)** mit Aussichtsturm. Erst weiter auf dem Grat, dann nach Süden hinab auf problemlosen Wegen ein wenig durch Wald und viel über freie Flächen nach **Diepolz (3)** mit dem liebevoll angelegten Bergbauernmuseum. 400 m entlang der Straße Richtung Knottenried. Geradeaus weiter auf einem Bauernweg über einen Bach, ein gutes Stück empor und an einem Hof vorbei nach **Knottenried (4)**, 1003 m. Beim Kirchlein nach rechts und auf einem Sträßchen zu einem Bauernhof. Jetzt über die Wiesen knapp südlich des Rückens zum Aussichtskreuz. Auf einer Forststraße durch Wald, dann wieder im freien Gelände an der Hinterhaselbachalpe vorbei zum Kühberg, 1035 m, und auf breitem Weg in Kehren hinab nach **Missen (1)**.

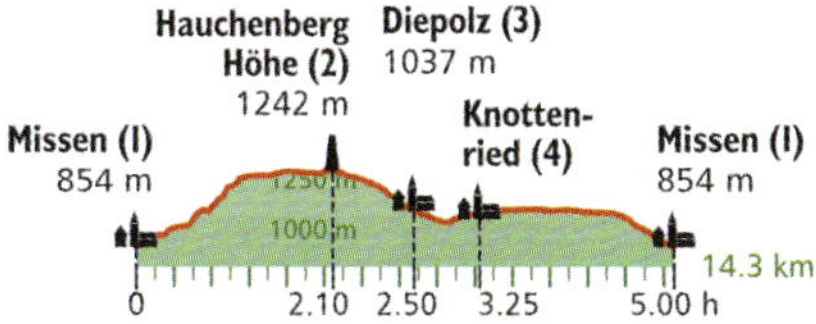

20 Salmaser- und Thalerhöhe

3.15 Std.

Stille Alp- und Waldlandschaft

Nördlich über Konstanzertal und Alpsee ragt ein Bergzug auf, der sich über 10 km fast schnurgerade von Westen nach Osten hinzieht. Auf beiden Seiten bilden die Hänge einen Fleckenteppich aus Wiesen, Alpweiden und Waldstücken. Das lädt zu stillen Bergwanderungen mit weiten Ausblicken ein. Ein besonderes, aber langes Unternehmen ist die Gesamtüberschreitung des Kammes; man startet dazu am besten in Wengen und beendet die Tour in Bühl (Busverkehr zwischen diesen Orten). Unser Tourenvorschlag erschließt den interessantesten, zentralen Teil des Massivs. Und der besondere Vorteil: Man kommt nach gemütlicher Wanderung wieder zum Ausgangspunkt.

Ausgangspunkt: Skilift bei Thal, 920 m. Bergstraße 2,7 km von Missen nach Wiederhofen in sehr schöner Lage, und drüben hinab nach Thal und zum Parkplatz (Navi: 87547 Missen-Wilhams, Zur Thaler Höhe 8). Kein Busverkehr.
Höhenunterschied: 400 Hm.

Anforderungen: Forststraßen und Wanderwege, ohne mühsame Passagen.
Einkehr: Pfarralpe, Trähersalpe.
Variante: Vom Ostgipfel der Salmaserhöhe kann man in 15 Min. noch einen Abstecher auf den Hauptgipfel, 1254 m, machen.

Aussichtspunkt »Alpseeblick«.

Vom Parkplatz in **Thal (1)** aus wandert man auf dem Talsträßchen 800 m längs der Jugetach nach Westen, bis kurz vor dem letzten Haus von links ein von Bäumen gesäumter Bach herabkommt.

Von dort geht es über die freien Flächen hinauf zur **Baldaufalpe (2)** und weiter zwischen zwei Fichtenreihen – jetzt nur noch auf kleinem Wiesenpfad – erst gerade empor, dann etwas nach links zu einem Kreuz und auf dem breiten Weg zur nahen **Trähersalpe (3)**. Dann führt der Pfad wieder gerade aufwärts zum Ostgipfel der **Salmaserhöhe (4)**, 1238 m. Es folgt eine Gratwanderung, teilweise mit Wald, nach Nordosten in einen Sattel und wieder empor auf die **Thalerhöhe (5)**, 1166 m, mit Liftstation.

Auch weiterhin bleibt man auf dem Gratrücken bis zum freien Gelände beim »Alpseeblick«. In Norden liegt auf Weideflächen die bewirtschaftete **Pfarralpe (6)**, 1050 m, von der aus man auf einem Fußweg zur Städelealpe an einer Alpstraße absteigt. Auf dieser nach links, bei der ersten Verzweigung rechts, bei der zweiten links und – vorbei am Tuffenmoos – zurück zum Ausgangspunkt in **Thal (1)**.

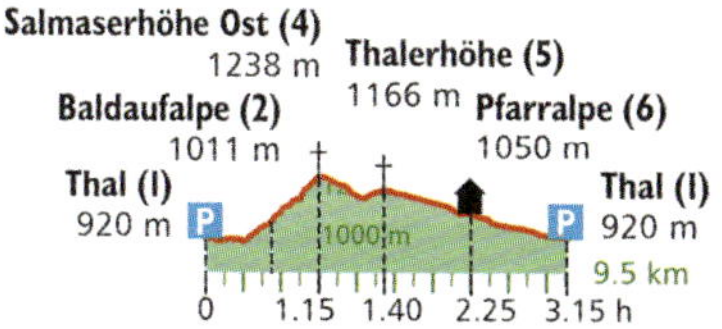

21 Zwischen Stein und Alpsee

3.00 Std.

Weg der Kontraste mit Wald, Wiesen, Ruinen und einem großen See

Hier werden in rascher Folge fast alle Elemente der Allgäuer Alpenrand-Landschaft geboten. Dazu gehören das typische weite, wellige Bauernland, aber auch stille Lichtungen und von Gras überzogene, »verwunschene« Tälchen. Nach dieser stillen und noch recht ursprünglichen Welt wirkt dann das Gebiet des großflächigen Alpsees als besonderer Kontrast. Dort gibt es alles, was zu einem richtigen Fremdentrubel führt, wie eine Promenade, einen Badestrand und eine Badeanstalt.

Ausgangspunkt: Stein, 768 m (1 km nördlich von Immenstadt). Gegenüber der Druckerei Schöler (bei der Burgruine Laubenberg) in die Straße »Am Galgenbichel« und gleich die zweite Straße links (»Kalvarienbergstraße«). Parkmöglichkeit entlang der Straße etwa 100 m hinter dem AWO-Seniorenheim (Navi: 87645 Immenstadt-Stein, Kalvarienbergstraße 84).
Höhenunterschied: 275 Hm.
Anforderungen: Meist Fahrsträßchen und Feldwege, keinerlei Probleme.
Einkehr: Am Alpsee, in Zaumberg, Rothenfelsalpe.
Tipp: Badeanstalt und Freibadeplatz am Alpsee.

Der Alpsee bei Bühl.

Vom Parkstreifen in **Stein (1)** in den Wald gegenüber und auf breitem Forstweg ca. 150 m geradeaus. Bei einer großen »Kreuzung« den zweiten Forstweg links und steil anfangs durch Wald, schließlich über freies Weideland hinauf bis zur **Rothenfelsalpe (2)**, 842 m. Dahinter geradeaus auf einem Wiesenweg über eine kleine Kuppe. An deren Ende am Waldrand ist links ein kurzer Abstecher zu einem schönen Aussichtspunkt über Immenstadt und das Illertal möglich. Ansonsten rechts am Waldrand weiter und schließlich erneut über offene Wiesen zum **Gut Rothenfels (3)**, 853 m. Von hier kann man kurz zur Ruine Hugofels hinaufsteigen sowie zur Ruine Rothenfels, mit ganz bescheidenen Mauerresten und erstaunlich steilem, bewaldeten Abhang nach Süden. Dann wandert man vom Gut auf einem Teersträßchen zu den weiten, welligen Wiesenböden hinab und im Bogen weiter abwärts zur großen Straße. Gegenüber geht es schnurgerade zwischen den Häusern von Bühl, Ortsteil Hub, zum **Alpsee (4)**, 724 m, mit Promenade, Kiosken, Bootsverleih. Am Ufer entlang zum Freibadestrand und Strandbad. Dort quert man unter der Bahn hindurch und steigt dann auf Fuß- und Feldwegen ziemlich direkt nach **Zaumberg (5)** hinauf. Am oberen Ortsrand geht es nach rechts auf einer hohen Brücke über die Umgehungsstraße. Beim letzten Haus ganz kurz nach rechts, dann wandert man meist über freie Flächen nach **Obereinharz (6)**, 761 m, einem Ort mit großen Höfen und sehr schönem Blick.

Auf der Straße (kurzzeitig Fußweg statt Straßenschleife) geht es dann nach Untereinharz und weiter rechts durch ein reizvolles Wiesentälchen zum Ausgangspunkt in **Stein (1)**.

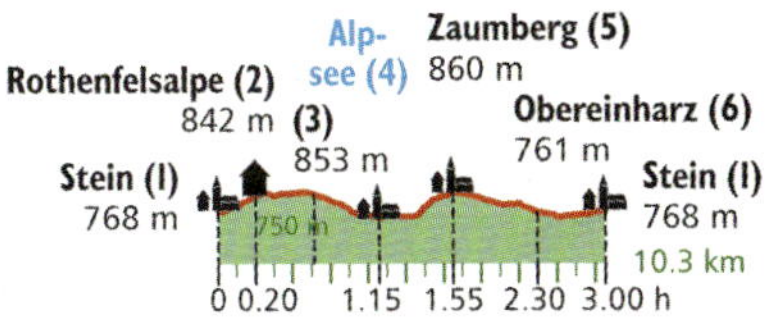

22 Eckhaldekopf, 1491 m, und Naturfreundehaus

3.45 Std.

Ungewöhnliche Route hoch über dem Alpsee

Als Prodelkamm bezeichnet man den 7 km langen, schnurgeraden Bergzug zwischen dem Konstanzertal und dem Tal der Weißach, der im Norden parallel zur Nagelfluhkette verläuft. Auch er ist ganz aus Nagelfluh aufgebaut und zeigt ein sehr einheitliches, wenig ins Auge fallendes Aussehen. Ganz im Osten liegt mit 1491 m die höchste Erhebung, zu der der Name Eckhaldekopf passt. Er wird relativ wenig bestiegen, noch stiller ist der Übergang – mit deutlichem Höhenverlust – zum Naturfreundehaus am Roten Kopf.

Ausgangspunkt: Alpsee-Bergwelt-Sesselbahn, Talstation 740 m. Ca. 5 km westlich von Immenstadt an der B 308 Richtung Oberstaufen, großer Parkplatz (Navi: 87509 Immenstadt, Ratholz 24). *Alpsee-Bergwelt-Sesselbahn:* Betriebszeiten Ende April bis Anfang November 9–17 Uhr; Tel. +49 8325 252, www.alpsee-bergwelt.de. Bushaltestelle »Ratholz/Alpsee Bergwelt« Buslinie Immenstadt-Oberstaufen (stündlich).
Höhenunterschied: 650 Hm.

Anforderungen: Keine anspruchsvollen Stellen, teils kleine Steige, Aufmerksamkeit bei der Orientierung wichtig.
Einkehr: Berghütte Bärenfalle (direkt neben der Bergstation), Obere Kalle; Kemptener Naturfreundehaus, Abstecher zur Mittelbergalpe, Starkatsgundalpe.
Variante: Von dem erwähnten »feuchten Grassattel« lässt sich in gut 1 Std. der bekannte Stuiben, 1749 m, besteigen.
Tipp: Sommer-Rodelbahn bei der Alpsee-Bergwelt.

Am Seifenmoos, Mittelberg Alpe.

Von der Talstation der **Alpsee-Bergwelt (1)** Fahrt zur **Bergstation (2)** in 1105 m Höhe. Von der Station geht es kurz über die Wiese aufwärts, dann erreicht man auf dem Fahrweg die **Alpe Obere Kalle (3)**, 1302 m. Ein Weg zieht erst über die freien Viehweiden schräg links aufwärts bis in den hintersten Winkel, dann in einer Schneise schräg rechts zum Kreuz beim Oberende der **Eckhalde (4)**, 1420 m. Von dort auf dem flachen Kamm nach Westen und kurzer Anstieg auf die Gipfelfläche, die ganz mit Heidelbeersträuchern überzogen ist. Man kehrt zum Kreuz zurück und wandert noch 400 m über den Kamm zu dessen Osteck. Über die Matten der Gündelalpe und durch Wald geht es hinab zum Ursprung der Weißach, 1240 m, und durch ein Tälchen wieder empor zu einem feuchten Grassattel, nach links zur **Seifenmoosalpe (5)** und auf dem Fahrweg zum **Naturfreundehaus (6)**, 1415 m. Ein Weg führt dann durch die Waldhänge des Gschwenderhorns zu den Weideflächen der **Starkatsgundalpe (7)**, 1212 m, hinab. Am Waldrand muss man sich dann links halten, um quer über den Einschnitt des Ratholzerbachs das Gasthaus Bärenfalle mit Hochseilgarten zu erreichen. Zurück zur **Talstation (1)** mit dem Sessellift oder dem »Alpsee-Coaster«.

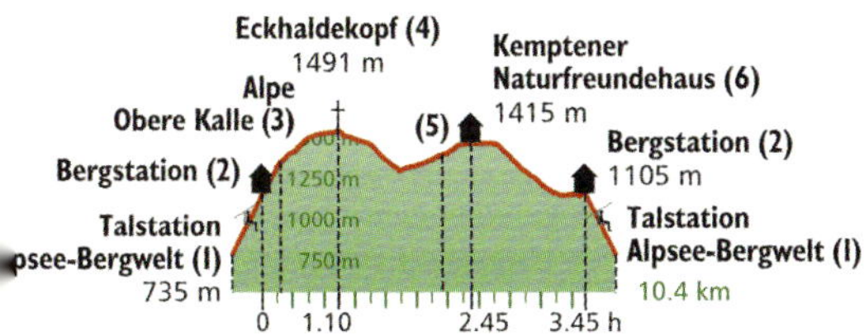

TOP 23 Reizvolle Plätze im Gunzesried

3.30 Std.

Wanderwege, Wasserspiele, verträumte Lichtungen

Zwischen Immenstadt und Sonthofen mündet ganz unauffällig das Gunzesriedertal ins Tal der Iller. Obwohl im Herz des Oberallgäus gelegen, blieb das Gunzesried (wie die Einheimischen sagen) von einer Fremdenverkehrserschließung weitgehend »verschont«. So findet man hier noch manchen unveränderten, schindelverkleideten Hof, wie er in der Region einst üblich war. Die meisten Bergfreunde kommen wegen der typischen Nagelfluhberge wie dem Stuiben (siehe Tour 25) hierher. Diese Gipfelstürmer ahnen oft gar nichts von der außergewöhnlich vielfältigen und malerischen Landschaft auch im Talbereich. Die Eindrücke reichen von verwunschenen Lichtungen bis hin zu eindrucksvollen Tobeln mit – dank des Nagelfluh – den ungewöhnlichsten Formen. Da der Busverkehr im Tal nach etwas komplizierten Regeln abläuft, beschreiben wir je eine Variante für Busfahrer (oder Wanderer mit zwei Autos) und eine andere für jene, die zu Fuß zum Ausgangspunkt zurückkehren.

Gunzesried und Nagelfluhkette.

Ausgangspunkt: Gunzesried, 889 m, großer Parkplatz, 870 m, vor dem Ort. Anfahrt: Auf der Schnellstraße (B 19) zur Ausfahrt »Sonthofen-Nord«, dort rechts, über die Iller und noch 100 m an Bihlerdorf vorbei. Jetzt links bergauf und über eine Höhe nach Gunzesried (Navi: 87544 Blaichach-Gunzesried, Kapf 4). Busverbindung Sonthofen – Gunzesried (unregelmäßig, mehrmals täglich).
Endpunkt: Gunzesrieder Säge, 920 Hm. Zurück zum Ausgangspunkt mit dem Bus oder zu Fuß (siehe Variante).
Höhenunterschied: 500 Hm.
Anforderungen: Alle Zwischenstufen von Teerstraßen bis zu schmalen und manchmal steilen, nach Regen rutschigen Tobelpfaden.
Einkehr: Gasthäuser in Gunzesried, Gunzesrieder Säge, Buhlsalpe.
Variante: Wenn man zu Fuß zurück nach Gunzesried möchte, biegt man nach dem Ostertaltobel nach links ab, geht durch ein Tälchen zur nahen Ostertalstraße, auf ihr 1,7 km talaus und auf der Talstraße nochmals 500 m bis vor die Hohe Brücke (Blick in eine sehenswerte Schlucht). Noch vor der Brücke auf dem zwischendurch steilen Fußweg, anfangs mit etwas Auf und Ab, durch das romantische Flusstal talaus, schließlich auf breitem Feldweg zurück zum Parkplatz, zusätzlich ca. 45 Min.

Das Ostertaltobel bei der Gunzesrieder Säge.

Beim Parkplatz in **Gunzesried (1)** überquert man die Wiese zum nahen Bach und dem Beginn des **Gunzesriedertobels (2)**. Man folgt dem schmalen Steig zu den ersten, ungewöhnlichen, überdachten Felsen, dann folgt ein Abschnitt mit malerischen Blöcken. Nach einem Wiesenfleck kommt man zu einer kleinen Brücke (etwas unterhalb ein Wasserfall und moosüberzogenes Blockwerk). Links ab und durch ein Tälchen hinauf zu einem Einödhof. Man folgt der Straße nach links 500 m weit zu einem idealen Aussichtseck über Gunzesried und dem Sonthofer Becken.
150 m hinter der Geländekante rechts und auf dem Bauernweg an zwei Höfen vorbei über Wiesen nach Westen, bis von links ein größerer Steig heraufkommt. Auf ihm erreicht man dann über Wiesen, durch einen Hohlweg und über Lichtungen – immer schräg empor – die freien Alpmatten und nach einer letzten Stufe die **Dürrehornalpe (3)**, 1157 m. Auf dem Alpsträßchen geht es hinab zum Hof auf der Winkelwiese, 1080 m, und noch 100 m weiter zur Verzweigung. Durch ein verstecktes Wiesen-Hochtal wandert man wieder sanft aufwärts zum Gut **Wiesach (4)**, 1147 m. Gleich hinter der Kapelle be-

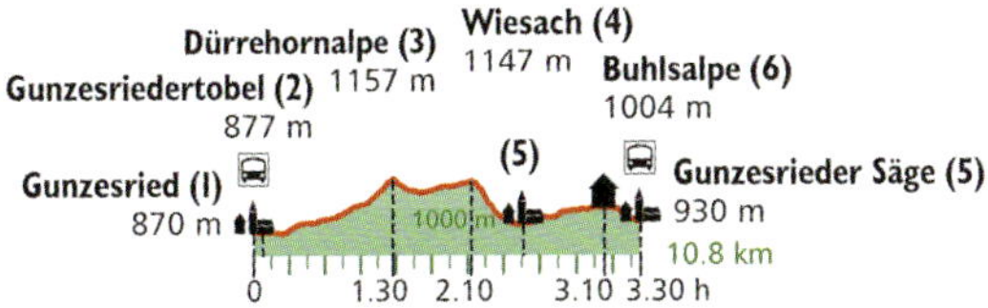

ginnt ein Fußweg, der über freie Flächen, ein gutes Stück auch im Hochwald, hinabführt zur **Gunzesrieder Säge (5)**, 920 m.

Nach 100 m auf der Westseite des Ostertalbachs geht es in den gleichnamigen Tobel hinein. Ein gut angelegter Steig führt durch das ungewöhnlich romantische Tal mit seinen Wasserfällen, Blöcken usw. zu einer Stahlbrücke und bald danach hinauf in den Hochwald. (Dort zweigt nach links die Variante ab, auf der man auf der Ostertalstraße und längs der Gunzesrieder Ache talaus zum Ausgangspunkt wandern kann.)

Weiter durch den Wald erreicht man die Ostertalbrücke und wandert auf der anderen Bachseite auf einem Forstweg – vorbei am Gasthaus **Buhlsalpe (6)** – teilweise mit kräftigem Gefälle wieder hinab zur **Gunzesrieder Säge (5)** mit einer Bushaltestelle (nur relativ wenige Fahrten).

Almwiesen im Gunzesrieder Tal.

TOP 24 Steineberg, 1683 m

4.15 Std.

Tour voller Abwechslung im Nagelfluh-Bereich

1683 m sind für einen Allgäugipfel eher eine bescheidene Höhe. Dennoch trifft der Wanderer am Steineberg auf eine ausgesprochen interessante Landschaft. Dafür sorgt das Gestein Nagelfluh, das, ähnlich wie Waschbeton, aus Kiesel und Schlamm zusammengebacken ist. Es bildet besonders malerische Formen, schafft lange Felsstreifen, quer durch die Hänge laufende Rippen, kleine Zacken und Türme, die durch winzige Böden getrennt sind.

Ausgangspunkt: Parkplatz hinter Gunzesried, 889 m. Auf der Schnellstraße (B 19) zur Ausfahrt »Sonthofen-Nord«, dort rechts, über die Iller und noch 100 m an Bihlerdorf vorbei. Jetzt links bergauf und über eine Höhe nach Gunzesried und noch 800 m zu kleinem Parkplatz (auch Bushaltestelle) am Straßenrand (Navi: 87544 Gunzesried, Talstraße 74). Busverbindung Sonthofen – Gunzesried (unregelmäßig, mehrmals täglich).
Höhenunterschied: 800 Hm.
Anforderungen: Von einem kurzen Abschnitt abgesehen nur Fußwege, einige Stellen, die etwas Trittsicherheit erfordern.
Einkehr: Vordere Krumbachalpe.

Vom **Parkplatz (1)** wandert man kurz zurück, biegt dann links ab, überquert eine kleine Höhe und kommt bald zur zweiten Abzweigung mit Baum und Bank. Von dort geht es nach links zum letzten Hof und über ihm auf schönen Wiesen schräg empor. Es folgt eine Art Hohlweg, der auf eine erste Alpweide führt, die man ganz oben links verlässt, um bald danach die **Dürrehornalpe (2)** zu erreichen. Ein Fahrweg zieht über die freien Hänge hinauf zur Vorderen Krumbachalpe, 1332 m, und ein ebenfalls breiter Weg nach Norden und Nordwesten zum Kamm.

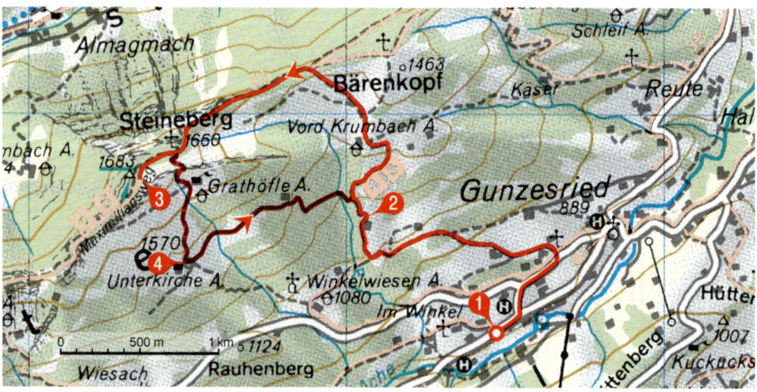

Am Steineberg-Gipfel, unten Immenstadt und das Illortal.

Am Grat entlang hinauf zur Felswand des Steinebergs. Entweder über eine steile Leiter direkt hinauf zum Kreuz oder – leichter – rechts im Bogen um die steilen Nordabstürze herum. Das Kreuz steht auf dem Ostgipfel, 1660 m, der um 23 m höhere **Steineberg-Hauptgipfel (3)** liegt etwas weiter westlich. Vom Ostgipfel führt ein Steiglein über die steilen, manchmal sogar von Schrofen durchsetzten Hänge nach Süden hinab zur Grathöflealpe (auch Steinebergalpe) und weiter bis zu den Weideflächen der **Unterkirchealpe (4)**, 1359 m. Von dort geht es dann auf dem breiten Alpweg nach Osten über Wiesen und durch Wald hinab zur Aufstiegsroute oberhalb der Dürrehornalpe und zurück zum **Parkplatz (1)**.

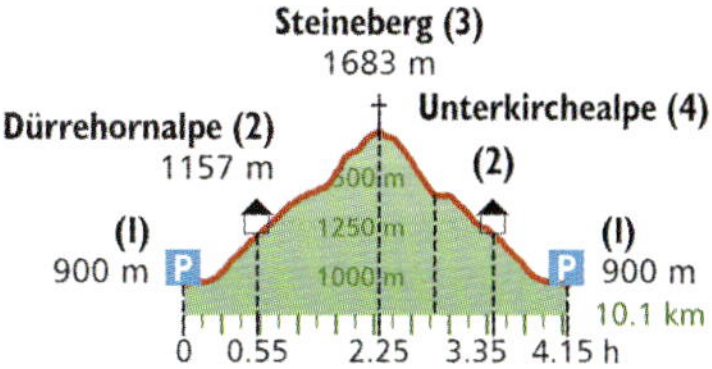

25 Stuiben, 1749 m

4.30 Std.

Spannende Überschreitung im Nagelfluh

Der Stuiben in der Nagelfluhkette zwischen dem Alpsee und dem Gunzesriedertal gehörte schon immer zu den Lieblingstouren der Allgäuer Bergwanderer. Dabei bietet die Route von Süden wesentlich mehr Abwechslung und ist spritziger als jene von Immenstadt durch das Steigbachtal, die die Forststraßen unattraktiv machen. Besondere Spannung erwartet den Trittsicheren beim Aufstieg über den Ostgrat, an dem Zacken und senkrechte Felswändchen eine sehr reizvolle Nagelfluh-Landschaft schaffen.

Ausgangspunkt: Gunzesrieder Säge, 920 m. Anfahrt über Gunzesried, 889 m, siehe Tour 23, von Gunzesried weiter bis in die Säge, großer Parkplatz (Navi: 87544 Blaichach/Gunzesried-Säge). Busverbindung Sonthofen – Gunzesried Säge (unregelmäßig, mehrmals täglich).

Höhenunterschied: 840 Hm.

Anforderungen: Ausschließlich Bergwege, am Ostgrat felsige Passagen (Sicherungen), Trittsicherheit notwendig, bei Nässe schmierig.

Einkehr: Gasthäuser in der Gunzesrieder Säge, unterwegs keine.

Gleich beim Parkplatz in der **Gunzesrieder Säge (1)** geht es über die Achbrücke und in einer nach rechts ausholenden Schleife um die ersten Häuser und nach links hinauf zum obersten Gebäude. Man steigt in der gleichen Richtung über eine Waldstufe hinauf zum unerwartet weiten Boden von Wiesach. Gleich gegenüber setzt sich der Fußweg fort, führt schräg nach links zum Wald und über eine weitere Stufe zur **Sommerhausalpe (2)**.
Kurz nach links, dann geht es in freiem, interessantem Gelände, schließlich durch eine Felsgasse steil empor in eine markante Gratlücke, 1628 m. Nach einem kurzen Abstieg auf der anderen Seite steigt und klettert man längs

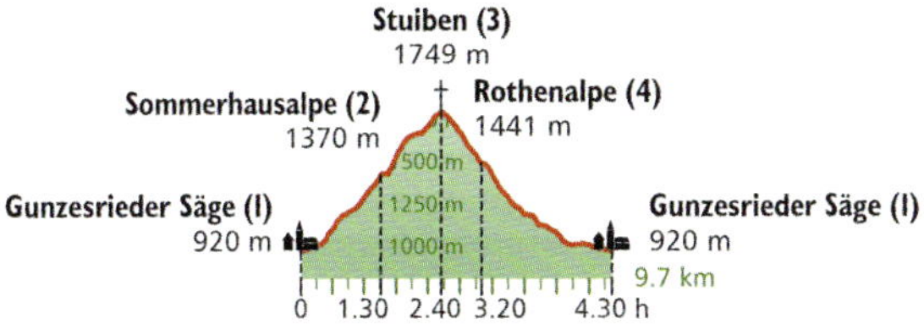

des Ostgrates mit seinen Felszacken zum Gipfel des **Stuiben (3)** hinauf. Bequem ist der Abstieg über den Südwestgrat in die folgende Scharte, dann folgen jedoch recht steile Grashänge hinab zur **Rothenalpe (4)** in einem kleinen Kessel.

Bald danach beginnen die ebenfalls recht steilen Waldhänge, durch die der Steig hinabzieht nach Ornach und weiter ins Tal des Aubachs bei Vorsäß. Auf der Straße rasch zurück in die **Gunzesrieder Säge (1)**.

Kraxelei am Stuiben.

26 Hochgrat, 1834 m

2.45 Std.

Reizvolle Rundtour zum höchsten Nagelfluhberg

Ohne alle Mühe lässt sich der höchste Gipfel der Nagelfluhkette erreichen, trägt doch eine Kleinkabinenbahn auf der Nordseite des Berges die Gäste bis in 1700 m Höhe hinauf. Da mag es unsinnig erscheinen, das gleiche Ziel in einem gut eineinhalbstündigem Aufstieg anzusteuern. Doch die Nagelfluh-Landschaft zwischen Scheidwang und Hochgrat ist so kleinräumig und abwechslungsreich, dass diese Tour trotz allem zu einem echten Erlebnis wird. Es gehört zudem zu den ungewöhnlichen Eindrücken, wenn man wenige Minuten nach Verlassen des Trubels am Gipfel wieder in ganz stiller Bergwelt unterwegs ist.

Ausgangspunkt: Scheidwangalpe, 1316 m. Auf der Schnellstraße (B 19) zur Ausfahrt »Sonthofen-Nord«, dort rechts, über die Iller und 100 m an Bihlerdorf vorbei. Jetzt links bergauf und über eine Höhe nach Gunzesried, weiter talein zur Gunzesrieder Säge. Von dort Mautstraße bis zur Scheidwangalpe (Navi: 87544 Blaichach-Gunzesried, Autalweg). Kein Busverkehr.

Höhenunterschied: 550 Hm.

Anforderungen: Steige mit steileren Stellen, etwas Trittsicherheit notwendig, bei Nässe rutschig.

Einkehr: Scheidwangalpe, Hochgratbahn Bergstation (kurzer Abstecher).

Variante: Von der Brunnenauscharte kann man in 40 Min. das mächtige Rindalphorn, 1821 m, besteigen.

Auf einem Alpweg geht es von der **Scheidwangalpe (1)**, 1316 m, dem Sattel zwischen Aubach- und Lecknertal, zu Fuß um einen Rücken in ein malerisches Bachtal mit ausgewaschenen Gufeln, kleinen Wasserfällen, senkrechten Felsstüfchen usw. Der Weiterweg in dem sehr stark gegliederten Alpge-

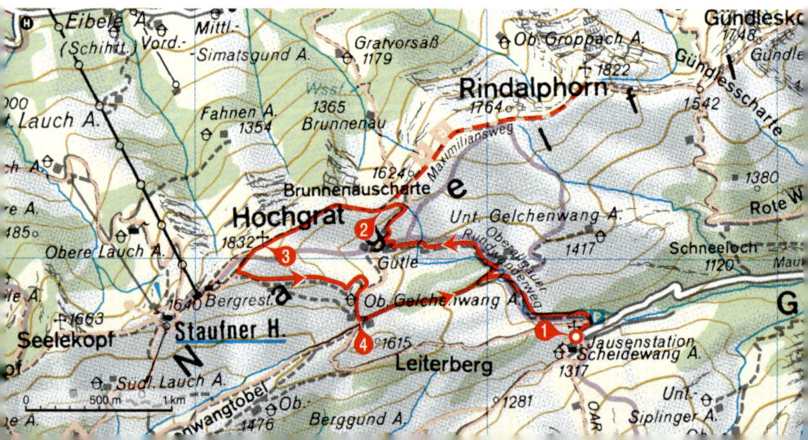

Auf dem Gipfel des Rindalphorns.

lände führt über Böden und Stufen durch das Gebiet von Untergelchenwang und dann kräftig aufwärts zur Güttealpe. Schräg rechts über einem liegt die breite **Brunnenauscharte (2)**, 1626 m, das nächste Ziel. Von dort zum Kreuz auf dem **Hochgrat (3)** steil direkt am Grat hinauf.

Man steigt vom Gipfel längs einer Geländerippe nach Südwesten ab, bis man auf einen von rechts kommenden Steig trifft. Auf ihm erreicht man über die weiträumigen Weideflächen die **Obere Gelchenwangalpe (4)**, 1580 m. Unmittelbar vor der Hütte beginnt ein kleiner Wiesenweg, der Richtung Osten in einem scharfen Bacheinschnitt nach Untergelchenwang hinabführt, wo man wieder auf den Hinweg trifft, der zurück zur **Scheidwangalpe (1)** führt.

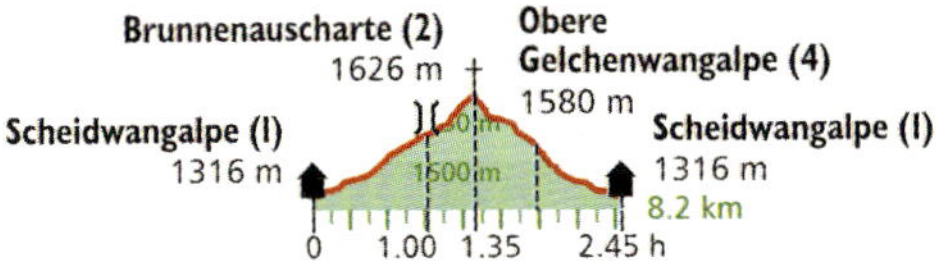

27 Bleicherhorn, 1669 m

2.00 Std.

Grasgrate, weite Weideflächen und viele Blumen

Das ist eine ausgesprochen gemütliche Bergwanderung mit nur wenigen steilen und holperigen Stellen zu einem Doppelgipfel von auffallender Symmetrie. Die fast baumfreien Nordwesthänge des Massivs fallen im späten Frühjahr noch aus einiger Entfernung als leuchtend weiße Fläche auf; das führt wohl zu dem Namen »Bleicherhorn«.

Ausgangspunkt: Höllritzeralpe, 1440 m. Auf der Schnellstraße (B 19) zur Ausfahrt »Sonthofen-Nord«, dort rechts, über die Iller und noch 100 m an Bihlerdorf vorbei. Jetzt links bergauf und über eine Höhe nach Gunzesried und weiter talein zur Gunzesrieder Säge, 920 m. Auf einer Mautstraße fährt man kurz ins Aubachtal, dann nach Südwesten an der Unteren Wilhelmine vorbei zur Höllritzeralpe (Navi: 87544 Blaichach-Gunzesried). Kein Busverkehr.

Höhenunterschied: 350 Hm.

Anforderungen: Meist Fußwege, etwas steinig, vor allem aber erdig, eventuell recht nasse Stellen.

Einkehr: Höllritzeralpe (einfach bewirtschaftet), unterwegs keine.

Von der **Höllritzeralpe (1)** wandert man auf der Straße 200 m zurück und benützt dann den breiten Weg, der nur mäßig steigend quer über die Weideböden zum Nordrücken des Bleicherhorns führt. Auf holperigem Pfad geht es dann stets parallel zum Grat kräftig steigend zum **Bleicherhorn (2)**, 1669 m, hinauf. Über einen weit geschwungenen Sattel wandert man hinü-

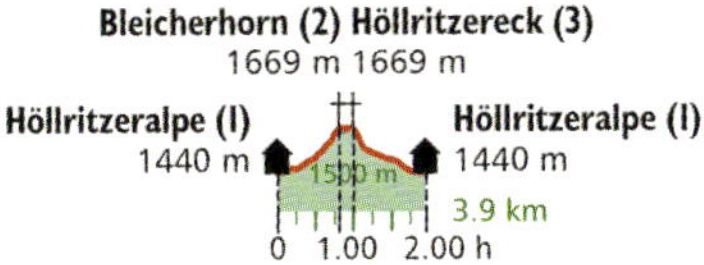

ber zum ebenfalls 1669 m hohen **Höllritzereck (3)**. Trittsichere steigen direkt über den Südostgrat ab, Unsichere weichen kurzzeitig in die rechte Flanke aus. Alle erreichen schließlich eine Schulter mit Wegverzweigung. Will man noch den Dreifahnenkopf, 1628 m, besuchen, so steigt man rasch in die trennende Scharte, 1506 m, ab und dann wieder ziemlich steil zum breiten, ganz von Heidelbeersträuchern überzogenen Gipfel hinauf. Anschließend geht es von der Schulter quer durch die teilweise nassen Hänge zurück zur **Höllritzeralpe (1)**.

Obere Wilhelmine-Alpe und Bleicherhorn.

28 Weiherkopf, 1665 m, Großer Ochsenkopf, 1662 m

3.00 Std.

Gratwanderung in Bereich der Flyschberge

Das leicht verwitternde Gestein Flysch sorgt für die auffallend runden Bergformen in dieser Region, auch die ungewöhnlich üppige Vegetation gehört dazu. So ist der Gratrücken zwischen den beiden Gipfeln dicht mit Alpenrosen, Heidelbeeren, Wacholder und anderem bewachsen. Das Ganze ist ein relativ gemütlicher Ausflug, und am Ochsenkopf trifft man nur wenige Wanderer.

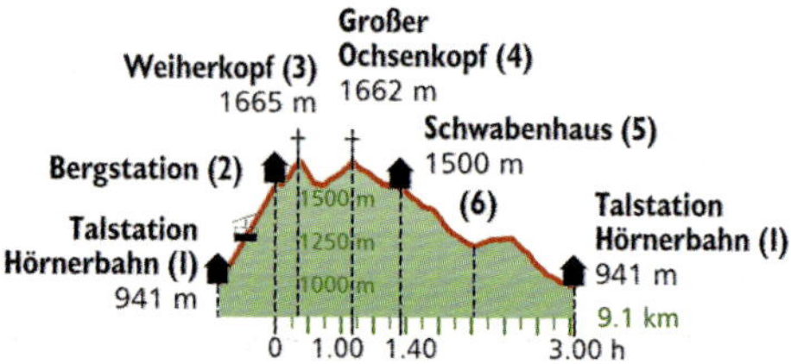

Ausgangspunkt: Hörnerbahn Talstation, 940 m. Von Kempten auf der B 19 bis Fischen, dort rechts Richtung Riedbergpass/Bolsterlang, nach etwa 2 km rechts Richtung Bolsterlang. Die Zufahrt zur Talstation befindet sich etwas hinter dem Ort. Busverbindung von Oberstdorf und Fischen stündlich, alle 1 bis 2 Stunden von Sonthofen über Ofterschwang, Anbindung an Ofterschwanger Hornbahn (Navi: 87538 Bolsterlang, Hörnerstraße).

Höhenunterschied: 350 Hm im Aufstieg, 900 Hm im Abstieg.

Anforderungen: Bei den Aufstiegen ausschließlich Fußwege, keine anspruchsvollen Stellen, evtl. nass, beim Abstieg auch Forst- und Alpstraßen.

Einkehr: Hörni's Nest (Imbiss an der Hörnerbahn Bergstation), Berghaus Schwaben, Zunkleitenalpe (bew. bis Mitte September), Talhütte (an der Talstation der Hörnerbahn).

Blick vom Sonderdorfer Kreuz.

Von der **Talstation der Hörnerbahn (1)** geht es zur **Bergstation »Hörnergrat« (2)**, 1530 m. Von dort erreicht man über den ebenen Rücken schnell den Bergfuß und steigt dann immer am Waldrand entlang ziemlich gerade und recht steil empor auf den **Weiherkopf (3)**. Vom Gipfel muss man ganz kurz zurück, dann geht es auf erdigem Pfad steil nach Südwesten und Westen hinab, schließlich folgt man immer der aus-

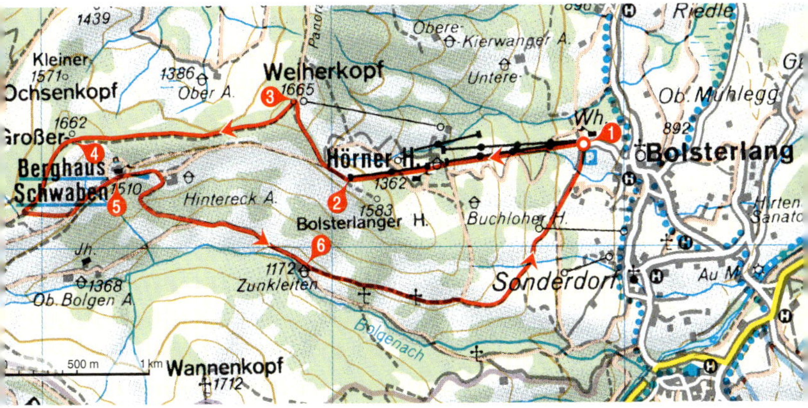

geprägten, meist bewaldeten Schneide über einen Sattel und einen Kopf hinweg zu einer Wegverzweigung (links abwärts geht es zum nahen Schwabenhaus). Im nun weiträumigen Gelände erreicht man einen zweiten Sattel, über dem der **Große Ochsenkopf (4)**, 1662 m, aufragt. Der Abstieg führt nach Südwesten über eine kurze Stufe zu einem schönen, aber nassen Hochmoor und zwischen Wetterfichten in den folgenden, breiten Sattel. Hier von der tiefsten Stelle kurz nach links in einen Grassattel, dann steigt man schräg links hinab auf einen großen Weg, auf dem man rasch das **Schwabenhaus (5)**, 1500 m, erreicht. Vom Haus zieht ein breiter Weg zur nahen Hintereckalpe hinab. Von dort erreicht man über eine Steilstufe die Straße im Tal der Bolgenach und die **Zunkleitenalpe (6)**, 1170 m. Ein Steig quert dann durch die steilen Hänge bis hinaus zu einem Aussichtspunkt steil über Sonderdorf. In meist freiem Gelände kommt man auf breiten Fußwegen zurück zur **Talstation (1)**.

Auf dem Gipfel des Weiherkopfs.

29 Wittelsbacherhöhe und Tiefenberger Moos

2.45 Std.

Kontrastreiche Hügelwelt auf der westlichen Illerterrasse

Die Eiszeitgletscher schufen die ungewöhnliche Landschaft des mittleren Illertals. 5 km breit ist der Einschnitt zwischen den Bergen auf der Höhe von Ofterschwang, und doch erstreckt sich das eigentliche Tal der Iller nur über eine Breite von gut 1 km. 100 m über dem tiefsten Talboden ziehen sich weite Terrassen hin, auf denen noch stattliche Orte liegen. Die westliche Illerterrasse ist stark gegliedert und bietet deshalb besonders abwechslungsreiche, relativ gemütliche Wanderungen. Ein Kleinod ist das noch fast ursprüngliche Tiefenberger Moos. Außerdem wird man immer wieder mit herrlichen Ausblicken verwöhnt.

Ausgangspunkt: Straße zwischen Tiefenberg und Muderbolz, Parkplatz, 796 m. B 19 Richtung Oberstdorf, ca. 3 km hinter Sonthofen (auf einer Kuppe, Ampel) rechts, ca. 1,5 km Richtung Ofterschwang, Parkbuchten rechts und links der Straße (Navi: 87527 Ofterschwang, Muderbolz). Busverbindung von Sonthofen und Oberstdorf zur Abzweigung der Straße nach Tiefenberg an der B 19.
Höhenunterschied: 100 Hm.
Anforderungen: Breite, leichte Wege, teils Schotter.
Einkehr: Café Mayr in Schweineberg.

Linde auf der Wittelsbacher Höhe.

Tiefenberger Moos.

Vom **Parkplatz (1)**, 796 m, über einen Bach in wenigen Schritten zum Moorrand, dort links und nach ca. 100 m rechts auf einem schmalen Pfad ins Moor hinein. Es geht durch lichten Wald und später durch eine hübsche Moorlandschaft weiter, an zwei Abzweigungen jeweils rechts. An der dritten Kreuzung geradeaus (Richtung Muderbolz), kurz über eine Wiese, im Wald leicht bergauf und auf breitem Weg zu einem Reiterhof. Über die Straße, nur 20 m rechts und auf der gegenüberliegenden Seite einen breiten Weg durch Weideland leicht bergan bis zu einer schmalen, kaum befahrenen Straße. Auf dieser etwa 250 m rechts, dann links auf einen Wirtschaftsweg. Diesen nach weiteren 250 m in einer Linkskurve verlassen, rechts einen Wiesenweg hinauf und nach wenigen Metern links in einen kleinen Wald. Durch diesen hindurch und schließlich rechts am Waldrand über eine kleine Kuppe. Direkt vor uns thront die schöne Linde oben auf der Wittelsbacher Höhe. Schließlich auf einem Schotterweg im weiten Linksbogen durch Wald und später über Wiese hinauf zur Höhe mit herrlichem **Ausblick (2)**, 881 m. Anfangs auf demselben Weg zurück, dann auf dem Schotterweg zum Ort **Schweineberg (3)** mit dem Café Mayr, 841 m. Von dort etwa 250 m auf der Straße westwärts, hinter einem letzten Haus links und über einen Wiesenweg an der großen Hotelanlage der Sonnenalp vorbei hinunter zum **Parkplatz (1)**.

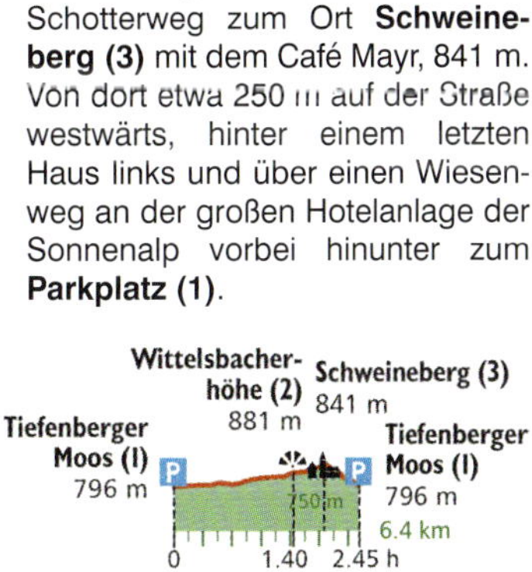

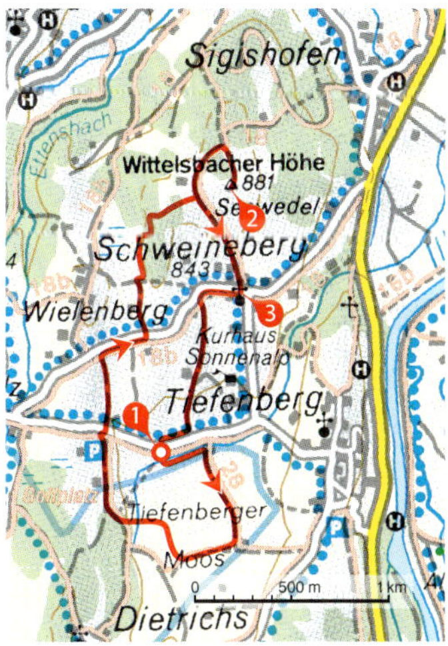

30 Riedbergerhorn, 1786 m, Wannenkopf, 1712 m

2.45 Std.

Rundtour im Bereich der sanften Grasberge

Riedbergerhorn heißt der absolute Herrscher in der sogenannten Hörnergruppe, die in Wirklichkeit mit auffallend runden Formen aufwartet. Vom alles überragenden Gipfel genießt man einen herrlichen Rundblick. Man kann den Berg über Südsüdost- und Ostgrat überschreiten oder noch zusätzlich dem mächtigen Nachbar, dem Wannenkopf, einen Besuch abstatten. Dabei kommt man durch eine ganz eigene Landschaft: Die kleine Hochfläche vor dem Gipfel ist von einem Moor mit einigen dunklen Tümpeln überzogen.

Ausgangspunkt: Grasgehren, 1447 m. Von Obermaiselstein auf der weitgehend gut ausgebauten Straße zum Riedbergpass, 1420 m, und rechts ab nach Grasgehren, großer Parkplatz (Navi: 87538 Obermaiselstein, Riedbergpass 1). Busverbindung Oberstdorf/Fischen – Balderschwang (unregelmäßig, mehrmals tgl.).
Höhenunterschied: 470 Hm.
Anforderungen: Ausschließlich Bergwege ohne größere Ansprüche, am Wannenkopf evtl. sehr feuchte Passagen.
Einkehr: Gasthaus in Grasgehren, unterwegs keine.

Blick in Richtung Bregenzerwald beim Aufstieg zum Riedbergerhorn.

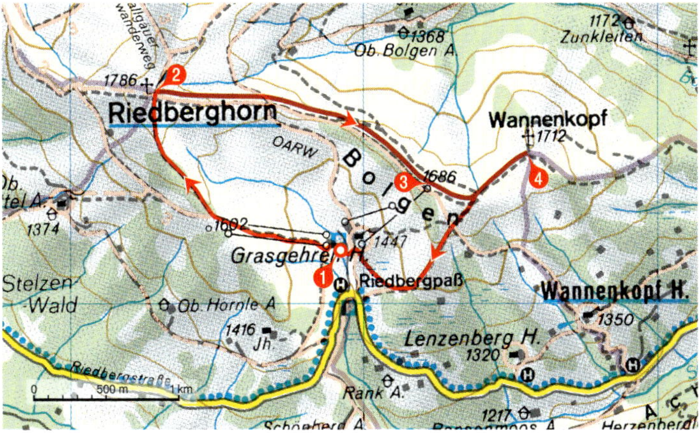

Westlich ein paar Meter unter dem Parkplatz in **Grasgehren (1)** steht eine Skiliftstation, hinter der der Aufstieg beginnt. Erst steigt man steil durch den Wald empor, dann folgen flachere, sehr feuchte Weideböden, über die man den Südsüdostgrat des Riedbergerhorns erreicht. Auf tief ausgetretenem Steig auf und neben dem Kamm werden die steileren oberen Hänge und über sie der weiträumige Gipfel des **Riedbergerhorns (2)**, 1786 m, mit großem Kreuz erreicht. Erst eine Art steiler, steiniger Hohlweg, dann eine bequeme Trasse vermitteln den Abstieg nach Osten in eine deutliche Scharte, wo der Hauptweg nach rechts in die Hänge führt. Will man zum Wannenkopf, bleibt man auf dem Grat und überschreitet einen kleinen Zwischenkopf zum tiefsten Sattel, 1625 m.

Nun gibt es zwei Möglichkeiten: Entweder auf der Nordseite quer über die – zu Zeiten schmutzigen – Viehweiden oder, ein wenig länger (ca. 20 Min.), aber viel schöner, mit etwas Auf und Ab über den Grat zum höchsten Punkt des **Bolgen (3)**, 1687 m, und weiter – nun knapp unter der Schneide – nach Osten, bis man nach links auf die **Hochfläche** abbiegen kann. Über diese Moorlandschaft nach Nordosten und über eine kleine Stufe auf den schmalen Gipfel des **Wannenkopfes (4)**, 1712 m. Dann kehrt man bis knapp vor den Bolgengipfel zurück und steigt erst über die freien Hänge nach Süden, dann in der nassen rechten Flanke in einem Bogen wieder nach **Grasgehren (1)** ab.

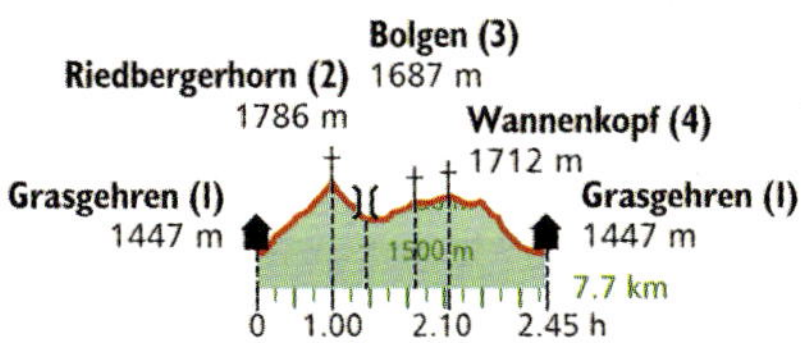

31 Besler, 1679 m

3.00 Std.

Trutzburg und Felskastell über dem Riedbergpass

Hier handelt es sich um den interessantesten Allgäuer Voralpenberg, ein 800 m langes Felsriff mit stark gegliederten, teilweise senkrechten Abbrüchen nach Norden und an vielen Stellen auch im Süden. Es ragt ganz auffallend über die bewaldeten Höhen auf, wobei der höchste Gipfel im Osten liegt und wie ein Schiffsbug vorspringt. Das Felsmassiv besteht aus Schrattenkalk; deshalb ist die Gipfelfläche verkarstet. »Besler« ist ein im Allgäu häufiger Familienname.

Ausgangspunkt: An der Riedbergstraße, 1390 m. Von Obermaiselstein auf der weitgehend gut ausgebauten Straße zum Riedbergpass, 1420 m, und noch 600 m Richtung Balderschwang, Parkmöglichkeit am Straßenrand (Navi: 87538 Obermaiselstein, Riedbergpass). Busverbindung Oberstdorf/Fischen – Balderschwang (unregelmäßig, mehrmals tgl.).
Höhenunterschied: 540 Hm.
Anforderungen: Fast ausschließlich Bergwege, Aufstieg von der Schönbergalpe viel begangen, holperig, bei Nässe recht schmierig.
Einkehr: Schönbergalpe, Dinigörgenalpe.

Von der **Passstraße (1)** aus wandert man auf dem Alpsträßchen gemütlich hinab zur **Schönbergalpe (2)**, 1330 m. Dann geht es auf einem Fußweg erst kurz über die Matten bergauf, dann immer unter den Wänden in stark bewachsenen Steilhängen schräg links empor in eine Hochmulde mit Gesteinstrümmern, über der die Gipfelwand aufragt. Nun zwei Möglichkeiten: Entweder halb rechts in die nahe Gratlücke, drüben 30 m abwärts, unter den Felsen nach Osten und ohne Kletterei zum Gipfel des **Besler (3)** empor. Oder – wesentlich rascher – unter den Wänden nach links zu einer schrägen Rinne und auf einem glatt getretenen, teilweise ausgesetzten Mini-Klettersteig (alpine Erfahrung wichtig!) zum Ziel. Die meisten steigen auf der gleichen Route ab. Doch bei der Kürze der Tour bleibt ausreichend Zeit für folgende Rundwanderung: Man kehrt auf dem

Besler und Schönbergalpe.

Der Besler Gipfel.

Hinweg zurück, bis man südlich unter der erwähnten Gratlücke ist. Auf dieser Seite bleibend geht es weit nach Süden hinab – vorbei an markanten Felsen – bis zur Straße. Auf ihr wandert man nach Westen zur **Dinigörgenalpe (4)**, 1280 m. Nach einem 100-m-Aufstieg geht es auf breitem Weg durch die steilen Westhänge des Schafkopfs zu einer Geländekante, hinter der man wieder zur **Schönbergalpe (2)** und zurück zur **Passstraße (1)** kommt.

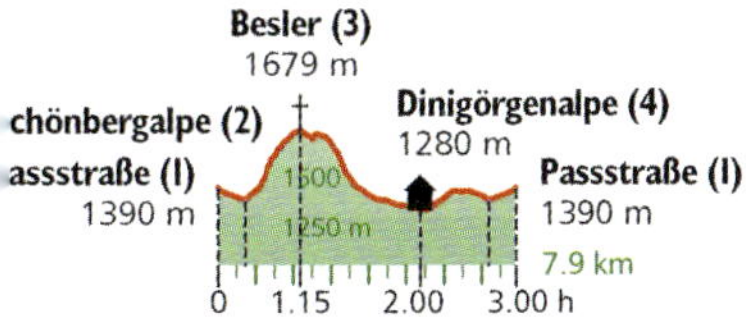

TOP **32**

Siplingerkopf, 1745 m, und Heidenkopf, 1685 m

4.15 Std.

Spannender Gratweg für Könner

Zusammen mit dem benachbarten Heidenkopf bildet der Siplingerkopf eines der interessantesten Bergmassive in den gesamten Allgäuer Voralpen. Das Gelände ist überall stark von den typischen Felsfluhen und Zacken aus Nagelfluh durchsetzt; das ergibt eine sehr reizvolle, kleinräumige, abwechslungsreiche Landschaft. Während die Aufstiege von Norden (Aualpe), vor allem aber von Osten (Höllritzeralpe) ziemlich anspruchsvoll sind, ersteigt man den Gipfel von Balderschwang aus relativ leicht. Das ist umso erstaunlicher, als auch die Südflanke stark von Felsfluhen durchsetzt ist. Ein besonderes Schmankerl bildet der Grat zum Heidenkopf, der sich aber nur für Trittsichere eignet.

Ausgangspunkt: 400 m östlich der Kirche bei der Abzweigung des Alpsträßchens (Navi: 87538 Balderschwang, Dorf 2). Busverbindung Oberstdorf/Fischen – Balderschwang (unregelmäßig, mehrmals täglich).
Anforderungen: Im unteren Teil Alpstraßen, dann teilweise nur kleine, kurzzeitig undeutliche Fußwege, beim Gratübergang steile, manchmal etwas felsige Passagen, dort Trittsicherheit wichtig.
Höhenunterschiede: 700 Hm zum Siplingerkopf, Gratübergang mit Auf und Ab zusätzlich gut 100 Hm.
Einkehr: Gasthäuser in Balderschwang, unterwegs keine.

Von **Balderschwang (1)** aus wandert man auf dem geteerten Alpweg über meist freie Wiesen zur **Unteren Balderschwangeralpe (2)**, 1369 m, hinauf.

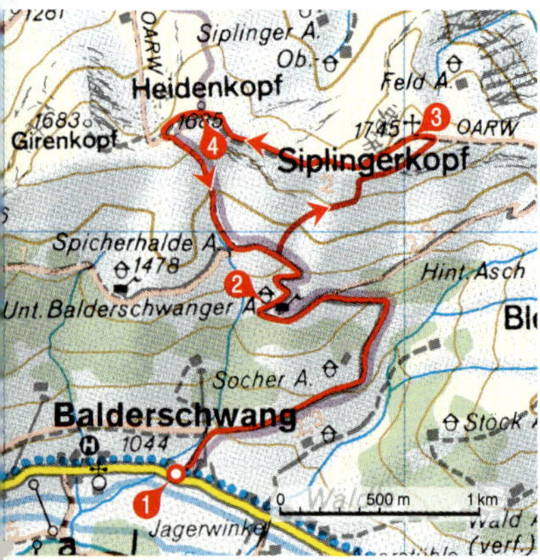

In lang gezogener Kehre über den nächsten Hang empor bis in die kleine Mulde unter dem Heidenkopf. Hier vom Fahrweg ab und nach Norden zum ersten Zaun. Dort halb rechts über die zertretenen Matten ohne deutlichen Steig auf die Steilhänge zu. Beim Wegweiser an einem alten Baum nochmals halb rechts und auf nun deutlicherem Pfad über die weitgehend freien Weidehänge schräg aufwärts in ein Tälchen. Nach rechts auf die bequeme Südabdachung, schließlich durch ein von Fluhen eingefasstes Tälchen in eine Lücke und auf den Gipfel des **Siplingerkopfs (3)**.

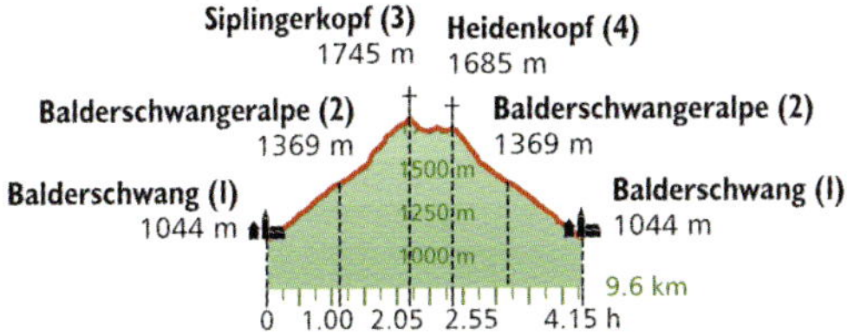

Das Steiglein zieht von dort mit viel Auf und Ab über eine Anzahl von Zwischenerhebungen hinüber zum **Heidenkopf (4)**, 1684 m. Unterwegs zwei kleine seilgesicherte Passagen. Das so komplizierte, unübersichtliche Gelände entsteht dadurch, dass die vielen kleinen Grate und Grätchen nicht parallel zum Hauptkamm verlaufen, sondern ihn schräg schneiden. Vom Heidenkopf steigt man dann durch eine steinige Rinne und über den folgenden Grat mit zwei Felsstüfchen (Drahtseil) hinab, bis man links über die steinigen Weideflächen wieder die **Balderschwangeralpe (2)** und den Weg zurück nach **Balderschwang (1)** erreicht.

Der Gipfel des Siplingerkopfs.

33 Hinanger Wasserfall und Eybachtobel

2.30 Std.

Wiesen, Hochwald und malerische Bachtobel

Diese Tour im »ersten Stockwerk« oberhalb der östlichen Illerterrasse vermittelt recht unterschiedliche Eindrücke. Da gibt es den typischen alpinen Hochwald aus Fichten, weite, freie Weideflächen und zwei Bachtobel der Extraklasse. Zum Außergewöhnlichen gehört der Hinanger Wasserfall mit seiner 10 m hohen Kaskade, den gewaltigen Felsblöcken, den triefenden Moosvorhängen im manchmal senkrechten Fels und den ausgebauchten, weit herausragenden Wänden aus Konglomeraten. Der Eybachtobel wiederum bildet den Inbegriff einer wüsten, urtümlichen Schluchtenwelt.

Ausgangspunkt: Straße zum Gasthaus Sonnenklause, 910 m. Von Sonthofen nach Altstädten und dahinter noch 1,3 km zum Schild »Sonnenklause«. Über die Überführung und 0,5 km aufwärts bis in 910 m Höhe, parken am Straßenrand (Navi: 87527 Sonthofen, Hinang 48). Busverbindung Oberstdorf – Sonthofen über Hinang (stündlich).
Höhenunterschied: 500 Hm.
Anforderungen: Meist kleinere Fußwege, in den Bachtobeln zu Zeiten nass.
Einkehr: Berggasthaus Sonnenklause.

Von der **Straße zur Sonnenklause (1)** aus geht es hinüber zum Waldrand, dort führt ein Steig an ihm entlang abwärts, schließlich geht es noch kurz durch Jungwald zur Straße. Die nächsten 2 Minuten: Über die Straßenbrücke, 840 m, rechts hinab zu einem Sträßchen. Dann 100 m empor und nach rechts ins Tal des Hinanger Bachs. Auf gutem Steig wandert man hinauf ins Reich der Felsblöcke und des **Wasserfalls (2)**. Unter weit überhängenden Wänden steigt man wieder aus der Schlucht und kommt zurück zum oben erwähnten Waldrand.

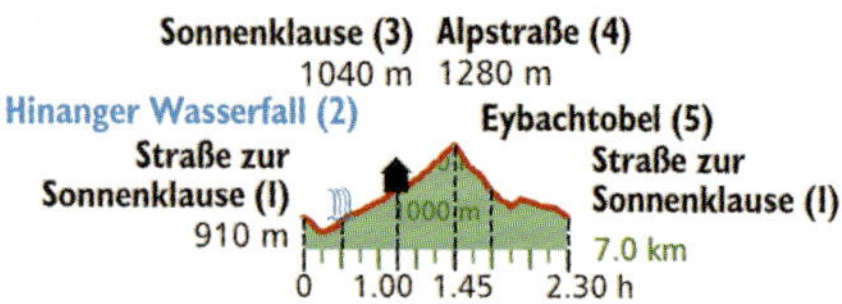

Der folgende Abschnitt in Stichpunkten: am Waldrand entlang, wieder hin-

ab zum Bach mit Miniklamm, links über die Böschung auf eine Wiese und noch ein gutes Stück empor zum Gasthaus **Sonnenklause (3)**, 1040 m.

Gleich südlich der Brücke beginnt ein Pfad, der quer über die Wiese, dann durch Wald mit malerischen, moorigen Lichtungen zu einer **Forst**- und **Alpstraße (4)** führt. Auf ihr geht es 20 Min. lang kräftig aufwärts zur Abzweigung eines Fußwegs in 1280 m Höhe (höchster Punkt der Wanderung). Durch Wald führt der Abstieg in den urwüchsigen **Eybachtobel (5)**. Man folgt ihm bis zur Straße. Auf ihr kurz empor, dann links zu einem freien Vorsprung hinaus. Schließlich meist in sehr aussichtsreichem Gelände – am oberen Rand der Wiesen – 1,3 km quer hinüber zum **Ausgangspunkt (1)**.

Hinanger Wasserfall (links); Illertal bei Schöllang (unten).

34 Sonnenkopf, 1712 m, Schnippenkopf, 1833 m

4.30 Std.

Wanderung über die Sonnenköpfe

Die drei Wald-, Matten- und Steilgrasgipfel im Kamm zwischen der Iller und dem Retterschwang fasst man als Sonnenköpfe zusammen. Ihre Überschreitung ist das Ideal einer Voralpentour mit raschem Wechsel von Wald und freien Flächen und mit sehr schönen Ausblicken auf die benachbarten Berge wie das gewaltige Daumenmassiv, aber auch hinab ins Tal der Iller. Eifrige beginnen die Tour bei Bad Hindelang, fahren mit dem Lift zur Bergstation am Imberger Horn und folgen dann den Schildern »Panoramaweg« bis Oberstdorf.

Ausgangspunkt: Gasthaus Sonnenklause, 1040 m. Von Sonthofen nach Altstädten und auf der Umgehungsstraße bis oberhalb von Hinang, 4 km. Abzweigung zur Sonnenklause, 2 km (Navi: 87527 Sonthofen, Hinang 48).
Höhenunterschied: Zum Sonnenkopf 670 m, Weiterweg bis auf den Schnippenkopf 190 m, insg. 860 m.
Anforderungen: Meist Bergwege, teilweise etwas holperig und zweimal recht steil, doch ohne schwierige Stellen.
Einkehr: Gasthaus Sonnenklause, unterwegs keine.

Von der **Sonnenklause (1)** wandert man auf einem Teersträßchen anfangs gerade, dann mit zwei weiten Kehren empor zum Beginn der Weideflächen. Hier zweigt nach links ein Fußweg ab, der erst zwischen mächtigen Fichten, später über Matten – teilweise recht kräftig steigend – weit emporführt. Nach einer kurzen Waldpassage folgt eine lang gestreckte Lichtung mit Hüttchen und Brunnen, durch die man den breiten Gratrücken erreicht. Über ihn auf den **Sonnenkopf (2)**, 1712 m. Bequem wandert man in den folgenden, nur wenig eingeschnittenen Sattel hinab. Nun geht es entweder rechts mit Auf und Ab durch die steile Waldflanke in den nächsten Sattel, oder man steigt recht steil und sehr steinig auf den **Heidelbeerkopf (3)**, 1767 m, hinauf und kommt auch so in den Sattel.

Blick vom Sonnenkopf-Grat ins Retterschwanger Tal.

Über ein letztes Gratstück und einen Hang erreicht man den höchsten Gipfel des Kammes, den **Schnippenkopf (4)**, 1833 m.
Vom Südeck des Gipfelgrates steigt man auf schlechten Pfadspuren zu einem kleinen Sattel der Falkenalpe hinab. Dort rechts und dann im Bogen zur **Entschenalpe (5)** und auf dem folgenden, etwas unangenehm steilen Teersträßchen weit hinab, bis dieses nach links abbiegt. Von dort erreicht man auf einem Fußweg durch Wald und an malerischen, feuchten Lichtungen mit Orchideen etc. vorbei wieder die **Sonnenklause (1)**.

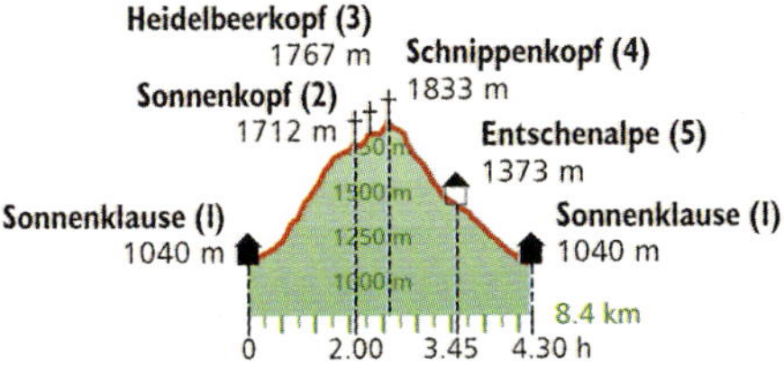

TOP **35**

Rubihorn, 1957 m, Gaisalpe

6.00 Std.

Auffallender Wächter über dem Illertal

All die berühmten Allgäugipfel sind ziemlich weit von Oberstdorf entfernt, sie bilden nur einen malerischen Hintergrund. Es gibt nur einen »Hausberg«, das Rubihorn, das sogar das gesamte Illertal zwischen Sonthofen und Oberstdorf beherrscht. Da es so unmittelbar über dem Tal aufragt, bietet es faszinierende Tiefblicke, zudem genießt man ein weites Panorama. Die Tour ist spannend und abwechslungsreich, wobei einem die Nebelhornbahn einen Teil der Mühe abnimmt. Ein besonderes Schmuckstück ist der Gaisalpsee.

Ausgangspunkt: Oberstdorf, 813 m, Talstation Nebelhornbahn. B 19 bis Oberstdorf, dann auf schmalen Straßen links um den Ort herum zur Nebelhornbahn/Oybelehalle am östlichen Ortsrand. (Navi: 87561 Oberstdorf, Rossbichlstraße). Regelmäßige Zugverbindung nach Oberstdorf aus Richtung Lindau und Kempten. Vom Bhf. 10 Min. zu Fuß durch den Ort zur Talstation. *Nebelhornbahn:* Betriebszeiten Ende Mai bis Anfang November, 8.30–16.50 Uhr, Info-Tel. +49 700 55533666 bzw. +49 8322 9600-0 oder -1421 (Wochenende), www.das-hoechste.de, Station Höfatsblick 1927 m, Gipfelstation 2224 m.

Höhenunterschied: 700 Hm im Aufstieg, 1150 Hm im Abstieg.

Anforderungen: Ausschließlich Bergwege, am Rubihorn auch steileres Gelände, das etwas Trittsicherheit erfordert.

Einkehr: Untere Richtersalpe, Gaisalpe, Café Breitenberg.

Variante: Reizvoller Aufstieg zur Station Seealpe durch den Faltenbachtobel (1 Std).

Der Rubihorn-Gipfel.

Von der **Talstation der Nebelhornbahn (1)** in Oberstdorf fährt man mit der Seilbahn zur Station **Seealpe (2)**, 1260 m. Dort beginnt der Fußweg, der über Weideflächen erst nach Norden, dann links über eine Rinne führt, um anschließend über Matten und zwischen Bäumen den **Roßbichel (3)**, 1466 m, zu erreichen. Es folgen zahllose kleine Serpentinen in einer freien, doch von Latschen eingefassten Rinne (am Schluss steil und ein paar Schrofen) zum Sattel am Niedereck. Dann geht es auf, meist jedoch neben dem Grat nach Norden mit etwas Auf und Ab auf den Gipfel des **Rubihorn (4)**. Man kehrt in den obersten Sattel zurück und steigt dann über die anfangs recht steile Halde in ein Kar und weiter über wellige Hänge zum großflächigen **Unteren Gaisalpsee (5)**, 1509 m, einem herrlichen Rastplatz, ab. Auf breitem, aber teilweise steinigem und steilem Steig kommt man zum Berggasthaus **Gaisalpe (6)**. Nahe dem Waldrand beginnt dann der Wallrafweg, der weit die Hänge des Rubihorns zum Breitenberg mit seinem Café quert. Dann geht es endgültig hinab zur **Talstation der Seilbahn (1)**.

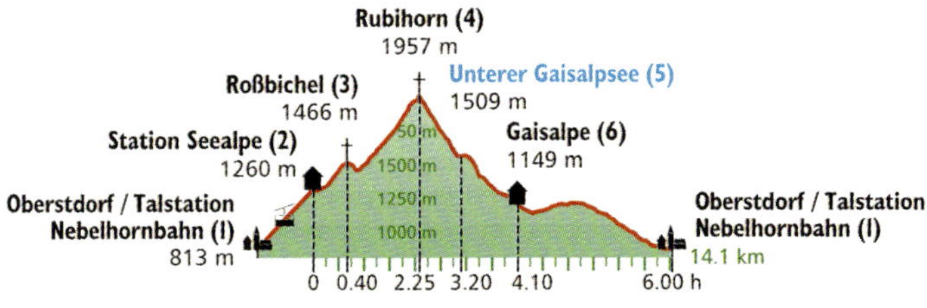

36 Gaisalpe und Gaisalpseen

4.00 Std.

Bilderbuchlandschaft unter dem Nebelhorn

Der Ausflug zu den Gaisalpseen ist außergewöhnlich abwechslungsreich und eindrucksvoll, falls man im ersten Abschnitt durch den Tobel emporsteigt und nicht die Forststraße benützt. Der Tobel mit dem gischtenden Gaisalpbach bietet eine völlig unberührte, ursprüngliche »Unterwelt«. Umso lieblicher erscheint einem dann die Landschaft um die Gaisalpe, Bauern- und Gasthaus in einem. Die beiden hochalpinen Seen liegen in malerischen Becken und im Wasser spiegeln sich so eindrucksvolle Berge wie das Rubihorn mit seiner zerborstenen Nordwand. Der Namensgeber für Tobel, Gasthaus, Seen usw. ist die Ziege.

Ausgangspunkt: Reichenbach, 870 m. Vom Kreisel vor Oberstdorf den Schildern nach Rubi folgen, durch diesen Ort hinauf nach Reichenbach und rechts empor zum Parkplatz am Waldrand (Navi: 87561 Oberstdorf, Reichenbach 1). Busverbindung Oberstdorf – Sonthofen über Reichenbach (stündlich).

Höhenunterschied: Gaisalpe 280 Hm, zum unteren See weitere 360 Hm, bis zum oberen See insgesamt 900 Hm.

Anforderungen: Kurzzeitig Forststraße, sonst Fußwege ohne Probleme, doch teilweise steil und steinig. Im Gaisalptobel oft matschig.

Einkehr: Untere Richtersalpe, Gaisalpe.

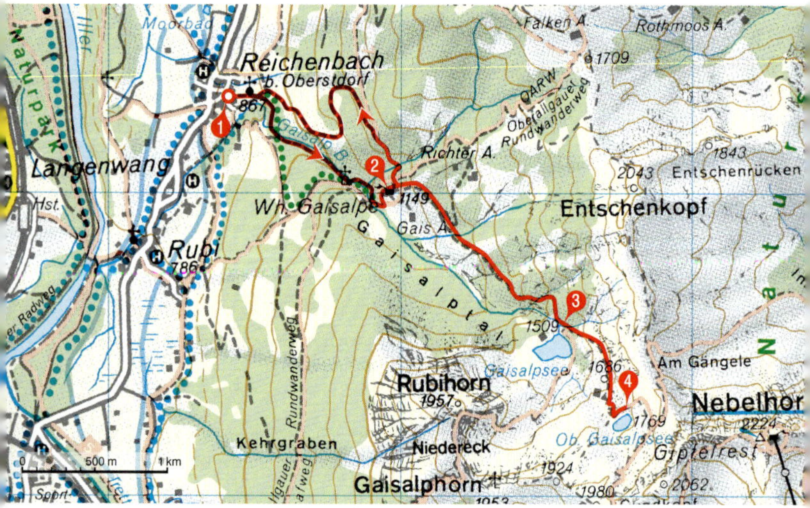

Oberer Gaisalpsee und Rubihorn.

Vom Parkplatz in **Reichenbach (1)** folgt man dem Forstweg bis zur Brücke und wandert dann durch den Gaisalptobel, am Schluss kräftig steigend, zu den Wiesen und zur **Gaisalpe (2)**, 1149 m, empor. Bei ihr beginnt ein im oberen Teil steiniger Weg, der durch die Hänge und über eine Stufe zum **Unteren Gaisalpsee (3)**, 1509 m, führt, der idyllisch zwischen Matten liegt. Wer über zusätzliche Kräfte verfügt, steigt im teilweise steilen Gelände in 45 Min. noch zum **Oberen Gaisalpsee (4)**, 1769 m, hinauf. Dieser versteckt sich in einem kleinen, abflusslosen Kessel und hinterlässt einen viel herberen Eindruck.

Beim Rückweg kann man gleich hinter der Gaisalpe zum Bach queren und nach kurzem Aufstieg die Forststraße am Zimmerberg erreichen. Auf ihr geht es dann in meist freiem Gelände wieder hinab zum Parkplatz in **Reichenbach (1)**.

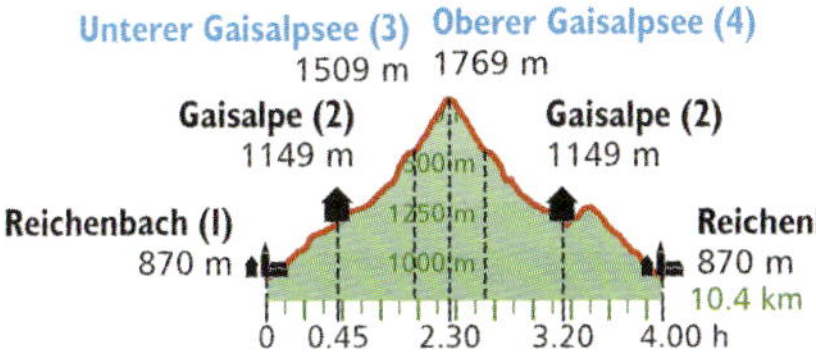

37 Großer Daumen, 2280 m

5.00 Std.

Verkarstetes Seenplateau und mächtiger Aussichtsberg

Der Steig aus dem Nebelhorngebiet zum Daumen führt über eine kilometerweite, verkarstete und deshalb recht wellige Terrasse in 2000 m Höhe, das Koblat. Die hindernislosen Ausblicke etwa zum Hochvogel und zwei besonders reizvolle Bergseen bilden die Attraktionen dieser beliebten Tour. Der mächtige, breit gelagerte Daumen mit einer bis zu 500 m hohen Nordflanke bildet das mit Abstand höchste Massiv in diesem Teil der Allgäuer Alpen, entsprechend umfassend ist die Aussicht.

Ausgangspunkt: Oberstdorf, 813 m, Talstation der Nebelhornbahn. B 19 bis Oberstdorf, dann auf schmalen Straßen links um den Ort herum zur Nebelhornbahn/Oybelehalle am östlichen Ortsrand. (Navi: 87561 Oberstdorf, Rossbichlstraße). Regelmäßige Zugverbindung von Oberstdorf aus Richtung Lindau bzw. Kempten. 10 Min. zu Fuß durch den Ort zur Talstation. *Nebelhornbahn:* Betriebszeiten Ende Mai bis Anfang November, 8.30–16.50 Uhr, Info-Tel. +49 700 55533666 bzw. +49 8322 9600-0 oder -1421 (Wochenende), www.das-hoechste.de, Talstation 823 m, Station Höfatsblick 1927 m, Gipfelstation 2224 m.

Höhenunterschied: 370 Hm.

Anforderungen: Bis zum Laufbichelsee breite, aber holperige Bergwege mit Auf und Ab, dann längerer Anstieg.

Einkehr: Edmund-Probst-Haus, 1930 m (direkt an der Station Höfatsblick, DAV, 108 Schlafplätze, Tel. +49 8322 4795), Restaurant Höfatsblick.

Variante: Fahrt bis Nebelhorngipfel, von dort Abstieg zum Hauptweg.

Auf dem Großen Daumen.

Von der **Talstation der Nebelhornbahn (1)** Fahrt mit der Seilbahn zur **Station Höfatsblick (2)**, neben der auch das Edmund-Probst-Haus des Alpenvereins steht. Über eine Halde steigt man zum Kamm empor und weiter auf die Geländekante links oben. Man kann hierher auch durch einen Abstieg vom Gipfel des 2224 m hohen Nebelhorns kommen. Bald danach hat man die sehr wellige Karstfläche »Koblat« erreicht, über die man mit einigem Auf und Ab nach Nordosten wandert. Direkt über einem ragen die Felszacken des Hindelanger Klettersteigs

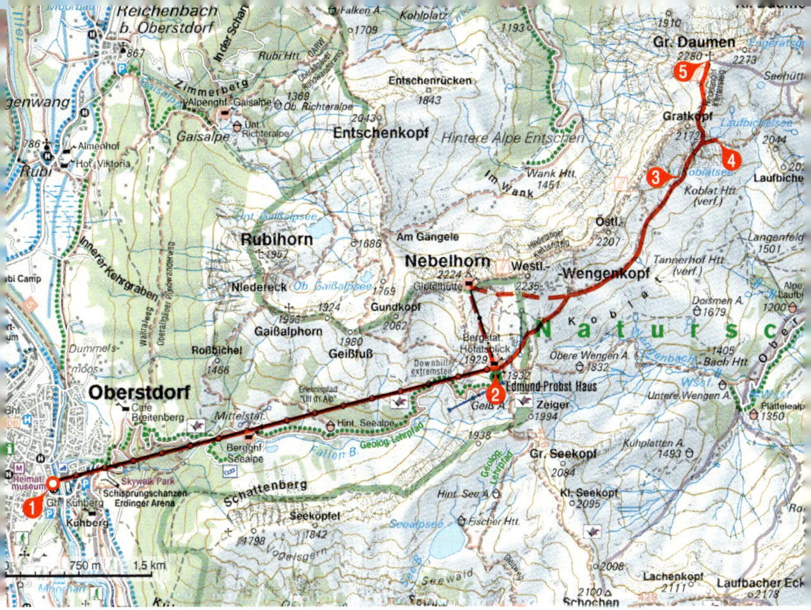

in den Himmel; man kann mit bloßem Auge den vielen Bergsteigern dort oben zuschauen. Das erste Ziel unterwegs ist dann der kleine, dank des Blockwerks jedoch besonders malerische **Koblatsee (3)**. Etwas später trifft man auf den größeren **Laufbichelsee (4)**, 2012 m, in dem sich ein außergewöhnlicher Berg spiegelt: Die Laufbichelkirche, 2042 m, mit ihren glatten, äußerst steilen Hängen ist vollkommen mit sehr langhalmigem Gras wie mit einem dicken Pelz überzogen. Kurz vor dem zweiten See biegt der Gipfelweg nach links oben ab, führt über eine Stufe empor und erreicht dann über eine eigenartige Abdachung, das »Glasfeld«, den Gipfel des **Großen Daumen (5)**. Der Rückweg zur **Talstation (1)** erfolgt wie der Aufstieg.

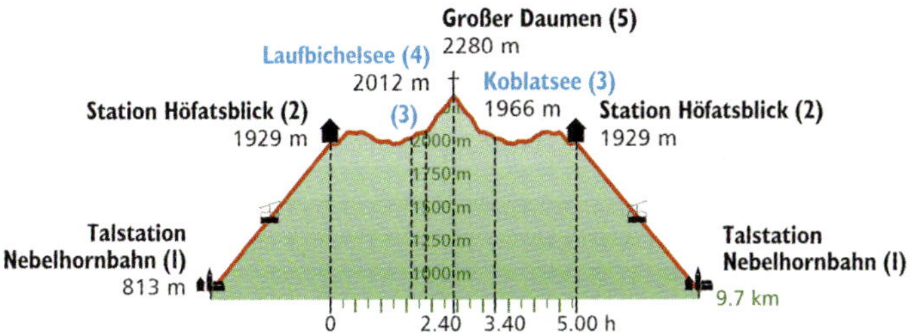

TOP **38** ## Seealpsee, Gleitweg, Oytal

3.30 Std.

Vis-à-vis der berühmten Höfats

Diese Tour ist gespickt mit eindrucksvollen Nah- und Fernblicken. Der immerhin 400 m lange und bis zu 42 m tiefe Seealpsee liegt scheinbar unmittelbar an der Geländekante zum tief eingeschnittenen Oytal (Oy ist eine etwas eigenwillige Schreibweise für Au). Am Mäxeleseck genießt man dann den imponierendsten Blick auf den berühmten Grasberg Höfats, 2258 m. Und beim folgenden, nicht ganz einfachen Abstieg macht das reich mit Blumen bestandene und von Tobeln zerrissene Steilgelände Spaß. Dort trifft man auch auf den Unaussprechbaren, den Seealpengündeles-Wasserfall.

Ausgangspunkt: Oberstdorf, 813 m, Talstation der Nebelhornbahn. B 19 bis Oberstdorf, dann auf schmalen Straßen links um den Ort herum zur Nebelhornbahn/Oybelehalle am östlichen Ortsrand. (Navi: 87561 Oberstdorf, Rossbichlstraße). Regelmäßige Zugverbindung von Oberstdorf aus Richtung Lindau bzw. Kempten. 10 Min. zu Fuß durch den Ort zur Talstation. *Nebelhornbahn:* Betriebszeiten Ende Mai bis Anfang November, 8.30–16.50 Uhr, Info-Tel. +49 700 55533666 bzw. +49 8322 9600-0 oder -1421 (Wochenende), www.das-hoechste.de, Talstation 823 m, Station Höfatsblick 1927 m, Gipfelstation 2224 m.
Höhenunterschied: 140 Hm Aufstieg, 1240 Hm Abstieg.
Anforderungen: Viel begangene Bergwege, jedoch teilweise steil und recht steinig-holperig.
Einkehr: Edmund-Probst-Haus, 1930 m (direkt an der Station Höfatsblick, DAV, 108 Schlafplätze, Tel. +49 8322 4795), Restaurant Höfatsblick, Hintere Seealpe, 1750 m, Oytalhaus, 1010 m.
Variante: Abstecher auf den Zeiger, 1995 m, 15 Min.

Von der **Talstation der Nebelhornbahn (1)** fährt man mit der Seilbahn zur **Station Höfatsblick (2)**, 1929 m.

Am Edmund-Probst-Haus des Alpenvereins vorbei wandert man mit etwas Auf und Ab in den Zeigersattel, 1922 m, mit erstem ganz freien Blick zur Höfats. (Über den nach Osten führenden Grasrücken kann man den Zeiger, 1995 m, besteigen, mit herrlichem Blick zum Hochvogel, 2592 m.) Dann

Blick vom Zeigersattel zum Seealpsee.

geht es auf dem unteren Weg schräg abwärts Richtung **Seealpsee (3)** und entweder ganz hinab zur Wasserfläche in 1622 m Höhe und ein Stück wieder empor oder etwas oberhalb vorbei und um eine erste Geländerippe zu dem Vorsprung **»Mäxeleseck« (4)**, der scheinbar senkrecht über dem Oytal thront. Spannend ist dann der Abstieg auf dem steinigen »Gleitweg« durch die Steilhänge.

Über eine letzte Stufe erreicht man den Boden des **Oytals (5)** und wenig später das gleichnamige Gasthaus, 1010 m. Die abschließende Wanderung auf der Alpstraße nach Kühberg und zurück zur **Talstation (1)** zieht sich in die Länge. (Alternativ kann man auch entlang von Oybach und Trettach nach Oberstdorf zurückwandern.)

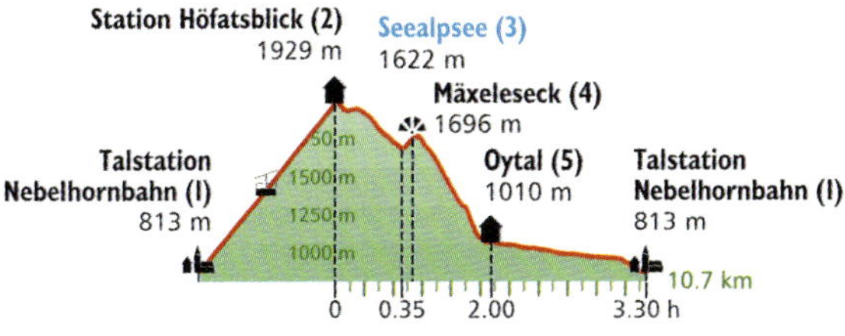

39 Gerstruben und Christlessee

3.00 Std.

Uralte Höfe am Fuß der berühmten Höfats

Die Kontraste geben diesem Ausflug die besondere Note. Nach den weiten, sanften Wiesenflächen von Dietersberg folgt der Hölltobel, wo sich der Bach tief in die Felsen eingeschnitten hat. Eine Stufe höher kommt man auf den kleinen Boden von Gerstruben am Fuß des berühmt-berüchtigten Steilgrasberges Höfats, 2258 m. In diesem ehemaligen Bergbauerndorf – 1860 lebten noch elf Familien in diesem Seitental – stehen heute noch fünf der malerischen, bestens erhaltenen Höfe, die in Blockbauweise ganz aus Holz errichtet wurden und bis ins 17. Jahrhundert zurückgehen.

Ausgangspunkt: Parkplatz Renksteg, 825 m. Westlich an Oberstdorf vorbei Richtung Fellhornbahn bis zum Parkplatz (Navi: 87561 Oberstdorf, Birgsautal). Busse (halbstdl.) zw. Oberstdorf Bhf. und Fellhornbahn mit Halt am Parkplatz Renksteg; regelmäßige Zugverbindung nach Oberstdorf aus Richtung Immenstadt.
Höhenunterschied: 340 Hm.
Anforderungen: In den Tälern kleine Straßen; nach Gerstruben durch den Hölltobel steiler Pfad.
Einkehr: Gasthäuser in Dietersberg, Gerstruben und nahe dem Christlessee.

Vom **Parkplatz Renksteg (1)** wandert man auf der Teerstraße nach Osten, die dann in weiten Schleifen emporführt zum Golfplatz und zu einer Wegverzweigung bald danach. Man folgt dem linken, kleineren Sträßchen über die Trettach und kommt rasch zur nächsten Verzweigung. Nun könnte man auf dem geteerten, meist steil emporführenden Fahrweg nach Gerstruben hin-

Alpsiedlung Gerstruben und Höfats.

aufsteigen. Oder – viel reizvoller – man folgt noch etwa 10 Minuten dem unteren Weg an den Häusern von **Dietersberg (2)** vorbei, bis links ein Fußweg abzweigt. Auf ihm erreicht man bald den Wald und steigt dort in Kehren empor. Bei einem Abstecher besucht man den sehenswerten Hölltobel, dessen Wasser durch einen gerade herabführenden Felsspalt in die Tiefe schießt. Danach steigt man endgültig nach **Gerstruben (3)** hinauf.

Zwischen den Häusern beginnt ein Steig, auf dem man nach kurzem Abstieg den Dietersbach und nach einem Gegenanstieg die schöne Lichtung Raut, 1127 m, erreicht. Von dort geht es durch teilweise steilen Wald hinab ins Trettachtal und nach rechts zu den wenigen Häusern von Gottenried. Gleich danach überquert man die Trettach und kommt nach kurzer Wanderung zum **Christlessee (4)**, 915 m.

Auf der knapp oberhalb vorbeiführenden Straße wandert man dann wieder talaus zum Golfplatz und zurück zum **Parkplatz (1)**.

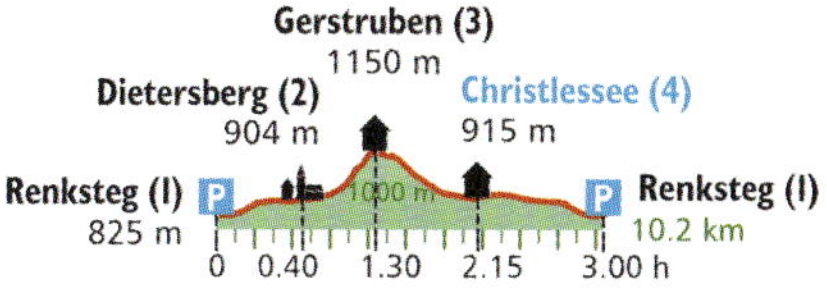

40 Jägersberg, Judenkirche, Burgberg

3.00 Std.

Wald, Felsen, weite Ausblicke

Jeder wird erstaunt sein über die so vielfältigen Eindrücke bei diesem scheinbar etwas belanglosen Ausflug. Da gibt es stillen, urwüchsigen Hochwald, den faszinierenden Blick von Jägersberg ins Oberstdorfer Becken mit seinem Gipfelpanorama, die Judenkirche – ein stattlicher natürlicher Felsbogen –, senkrechte, wie polierte Felswände, weite Bauern- und Blumenwiesen … Dank der geringen Höhe lässt sich die Wanderung schon zeitig im Frühjahr und noch spät im Herbst unternehmen.

Ausgangspunkt: Langenwang, 771 m. An der B 19 zwischen Oberstdorf und Fischen. Wenige Parkmöglichkeiten hinter der Kirche beim Gemeindeamt, alternativ beim Bhf. Langenwang parken (Navi: 87538 Fischen im Allgäu, Zur Reite 2). Bus-/Bahnlinie Oberstdorf – Sonthofen mit Halt in Langenwang (ca. halbstündlich).
Höhenunterschied: 550 Hm.
Anforderungen: Alles von kleinen Teerstraßen bis zu steilen, holperigen Fußwegen.
Einkehr: Gasthaus Jägersberg, Gasthaus Bergruh in Wasach.

Wegen der verwickelten Route erfolgt hier eine detaillierte Beschreibung in Stichwortart: Von der Kirche in **Langenwang (1)** auf dem Fußweg 350 m neben der B 19 nach Süden, dann rechts empor zum ersten Haus. Dort Abzweigung nach rechts und auf einem kleinen Steig durch Wald zum Teersträßchen, auf dem man bald das herrlich gelegene Gasthaus **Jägersberg (2)**, 890 m, erreicht. Auf einem Fahrweg zwischen Wiesen und Waldstücken etwa 15 Min. aufwärts, dann links auf dem Fußweg über einen Bach und zu einer Wegverzweigung. Rechts empor zu dem Felsbogen »**Judenkirche**« **(3)** und auf einem recht holperigen Pfad wieder abwärts und oberhalb von Wasach – unter senkrechten Felsen

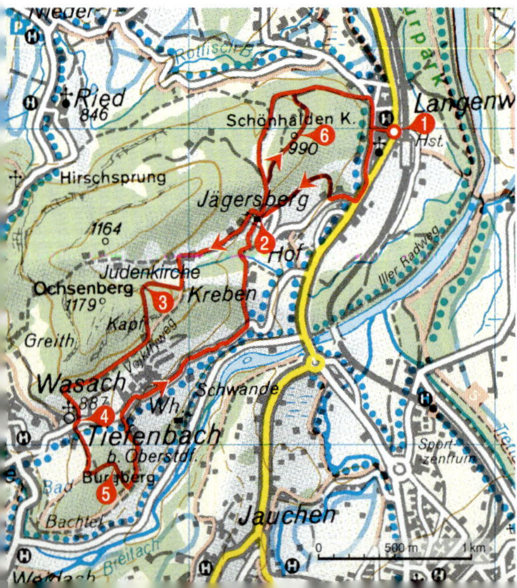

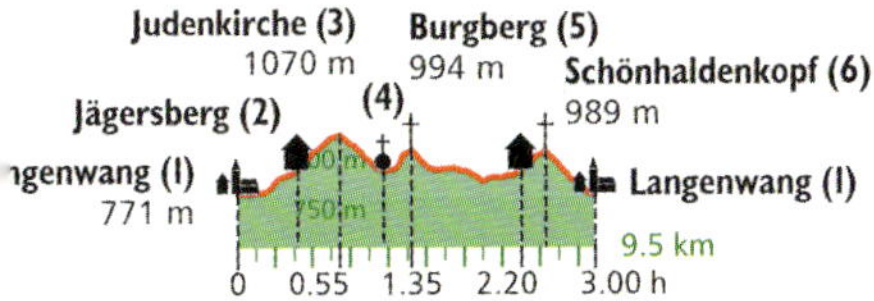

hindurch – zur Kirche, 887 m, von **Tiefenbach (4)**. Rechts auf der Straße ein paar Meter hinab, dann links und gleich danach nochmals links. Unter den Felsen des **Burgbergs (5)** nach Süden, bei der Verzweigung dann jedoch empor auf diesen 994 m hohen Gipfel. Auf kleinem Pfad nach Osten hinunter zu einem Sträßchen und nach links wieder etwas aufwärts zum Hotel Bergruh. Rechts, beim ehemaligen Gasthaus Wasach nochmals rechts und 800 m auf der Zufahrtsstraße abwärts. Dann links nach Kreben und auf einem Fußweg, der einen scharfen Bacheinschnitt überquert, zurück nach **Jägersberg (2)**. Auf breitem Weg über die Wiesen 200 m weiter nach Norden. Nun entweder links in einem Bogen um den 989 m hohen **Schönhaldenkopf (6)** herum (ca. 20 Min. kürzer) oder auf kleinerem Steig über ihn und Abstieg nach **Langenwang (1)**.

Felsbogen der Judenkirche.

Bunte Wiesen bei Tiefenbach.

TOP 41

Durch die Breitachklamm

2.00 Std.

Urwüchsige Schlucht und grandiose Klamm

Besonders harte Felsen aus der Kreidezeit waren einst eine Barriere für die Breitach. In unendlicher Kleinarbeit hat sich der Fluss immer tiefer eingefräst und damit das Ideal einer Klamm im Kalkgestein mit muschelförmig ausgewaschenen, wie polierten, senkrechten oder auch überhängenden Wänden geschaffen, die bis zu hundert Meter Höhe erreichen. Eineinhalb Kilometer zieht sich diese ganz enge, gewundene Schlucht hin; an den eindrucksvollsten Stellen klaffen die Wände nur wenige Meter auseinander, und der Besucher unten auf dem Klammweg kann dann den Himmel nicht mehr sehen. Bereits 1905 wurde der in den Fels gesprengte oder außen »angeheftete« Steig erbaut. Bei unserer Tour wollen wir den Weg durch die Schlucht der Breitach mit einem Start bei der Gaststätte Waldhaus noch etwas erweitern.

Ausgangspunkt: Eingang zur Breitachklamm, 835 m. Auf der B 19 bis zur Breitach-Brücke. Dort nach Westen abbiegen und durch Tiefenbach zum Großparkplatz am Klamm-Eingang (Navi: 87561 Oberstdorf, Klammstraße 47). Mit Bus ist es besser, die Tour anders zu machen: Von Oberstdorf mit dem Walserbus (alle 10–20 Min.) Richtung Riezlern, Haltestelle »Waldhaus«; am Ende der Wanderung ab Haltestelle »Reutte« zurück nach Oberstdorf.
Höhenunterschied: 250 Hm.
Anforderungen: Gute Bergwege in oft steilem und feuchtem Gelände.
Einkehr: Waldhaus, Gasthof Breitachklamm (am unteren Klamm-Ausgang).

Vom großen Parkplatz am **Klamm-Eingang (1)** kehrt man über die nahe Starzlach-Brücke zurück und wandert dann parallel zur Breitach durch einen Stangenwald. Nach 20 Min. überquert man eine Fuß-

Die Breitachklamm ist auch im Winter ein Erlebnis.

gängerbrücke und steigt durch das Tälchen (linker Einschnitt) nach **Reute (2)**, 884 m, hinauf.

Mit dem Bus (alle 10–20 Min.) zur Haltestelle »Waldhaus« am Beginn des Kleinwalsertals. Über die steilen Talhänge geht es dann hinab zum **Waldhaus (3)** auf der anderen Seite der Breitach. Immer auf der Nordseite führt der Steig parallel zum wild schäumenden Bach talaus zum Beginn der gebührenpflichtigen eigentlichen **Klamm (4)**.

Es folgt der Gang durch diese grandiose Unterwelt, in der meist recht viele Menschen unterwegs sind, zum Klammende, nach dem man rasch wieder zu seinem Ausgangspunkt am **Parkplatz (1)** zurückkommt.

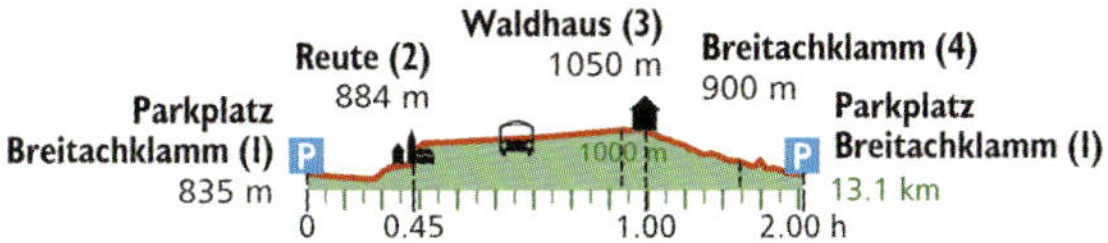

42 **Rappenseehütte, 2091 m**

7.00 Std.

Die größte alpine Hütte und ein hübscher Bergsee

Eine Zahl zeigt die Bedeutung der Rappenseehütte besonders eindringlich: Das Haus bietet über 300 Schlafplätze. Die freie Lage etwas oberhalb des gleichnamigen Sees trägt viel zum »Ruhm« bei, ungleich mehr aber noch lockt der Heilbronner Weg die Gäste an. Er dürfte der bekannteste mit Drahtseilen, Leitern usw. gesicherte Steig im gesamten Alpenraum sein. Doch auch die Hütte allein gehört zu den interessanten, zudem sehr beliebten Zielen. Der Anstieg dauert allerdings volle vier Stunden in dem anfangs flachen, dann teilweise sehr steilen Gelände mit auffallend üppiger Vegetation.

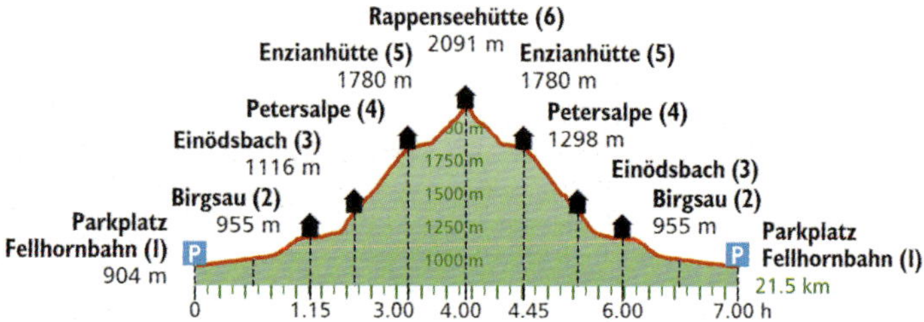

Die Rappenseehütte.

Ausgangspunkt: Großparkplatz bei der Fellhornbahn, 904 m. Westlich an Oberstdorf vorbei ins Tal der Stillach und zur Fellhornbahn (Navi: 87561 Oberstdorf, Faistenoy 10). Halbstündlich Busse zwischen Oberstdorf Bhf. und Fellhornbahn bzw. Birgsau; regelmäßige Zugverbindung nach Oberstdorf aus Richtung Immenstadt.
Höhenunterschied: 1200 Hm.
Anforderungen: Im Tal Fahrwege, danach sehr viel begangene alpine Pfade mit langen, anstrengenden Steigungen.
Einkehr: Petersalpe (einfache Kost), Enzianhütte (120 Schlafplätze, Tel. +49 170 7931655), Rappenseehütte (300 Schlafplätze, Reservierung über www.rappenseehuette.de).

Breite, ganz bequeme Wege führen von der **Talstation der Fellhornbahn (1)** östlich der Stillach flach über Anatswald in die **Birgsau (2)**, 956 m, und weiter über die Wiesenböden zum Bergfuß. Nun geht es steiler auf dem (linken) Sträßchen zum schön gelegenen **Einödsbach (3)**, 1116 m, mit großer Bergkulisse (Mädelegabel und Trettachspitze). Hinter dem Gasthaus überquert man einen Bach und wandert noch ein Stück gegen Südwesten. Dann führt der breite Fußweg über eine erste Stufe zur **Petersalpe (4)** und über eine zweite, sehr steile zur **Enzianhütte (5)**, 1780 m, auf einem flachen Absatz.
Immer quer und schräg durch die Hänge weit nach rechts hinüber zur Schulter am Mußkopf und schließlich über Matten hinauf zur stattlichen **Rappenseehütte (6)**, 2091 m. 44 m tiefer liegt der schöne Rappensee zwischen grünen Weideflächen. Der Rückweg zum **Parkplatz (1)** erfolgt auf dem Aufstiegsweg.

TOP **43**

Blumenberg Fellhorn, 2038 m

4.00 Std.

Großartige Gratwanderung

Der mächtige Kamm zwischen Kleinwalser- und Stillachtal wird aus dem Gestein Flysch aufgebaut. Deshalb ist er üppigst mit Buschwerk, Gras und zahllosen Blütenpflanzen überwuchert, und sein höchster Gipfel, das Fellhorn, bekam den Zusatznamen »Blumenberg«. Ein sehr viel begangener Steig führt über den höchsten Kamm, so gehören auch die Ausblicke hier zum Besonderen. Je nach Kraft, Lust und Laune lässt sich der zweite Teil des Ausflugs ganz gemütlich gestalten: Man fährt dann mit der Söllereckbahn ins Tal hinab und kehrt mit zweierlei Bussen ins Stillachtal zurück (das ist allerdings etwas umständlich). Wer jedoch noch mehr erleben will, steigt zum Freibergsee ab.

Aufstieg zum Fellhorn.

Ausgangspunkt: Stillachtal, Fellhornbahn Talstation, 927 m. Aus Kempten kommend die B 19 Richtung Oberstdorf, dann rechts an Oberstdorf vorbei 5 km ins Stillachtal Richtung Fellhornbahn (Navi: 87561 Oberstdorf, Faistenoy 10). Halbstündlich Busse zwischen Oberstdorf Bhf. und Fellhornbahn bzw. Birgsau; regelmäßige Zugverbindung nach Oberstdorf aus Richtung Immenstadt. *Fellhornbahn:* Betriebszeiten Ende Mai – Ende Oktober, 8.30–16.50 Uhr, Info-Tel. +49 700 55533888 bzw. Tel. +49 8322 9600-0 oder -2421 (Wochenende), www.das-hoechste.de.

Endpunkt: Renksteg (südlich von Oberstdorf), 825 m. Zurück zur Talstation der Fellhornbahn mit dem Bus.

Höhenunterschied: 150 Hm im Aufstieg, 1100 Hm im Abstieg.

Anforderungen: Bergwege in oft erdigem Gelände, etwas Trittsicherheit – vor allem bei Nässe – angebracht.

Einkehr: Gipfelrestaurant (Gipfelstation), Sölleralpe, Berghaus am Söller (bei der Bergstation der Söllereckbahn), Gasthaus Seeblick (am Freibergsee), Gasthof Freibergsee (direkt am Ufer, mit Freibad).

Varianten: 1. Beim Abstieg kann man vom Hühnermoos Schwand erreichen und nach 2 km Wanderung über Ringang direkt zur Fellhornbahn zurückkehren (1¾ Std. ab Berghaus Söller).
2. Talfahrt mit der Söllereckbahn (verkürzt die Wanderung um gut 1¼ Std.).

Rast am Fellhorn-Gipfel.

Von der **Talstation der Fellhornbahn (1)** zur **Bergstation (2)** in 1975 m Höhe. Von dort erreicht man in 10 Minuten auf dem promenadeartigen Weg das **Fellhorn (3)**, 2038 m, mit hervorragendem Panorama. Danach wird das Gelände deutlich alpiner: Man folgt stets dem ausgeprägten, ganz von Gras überzogenen Grat über den **Schlappoltkopf (4)**, 1968 m, zum Westgipfel der **Söllerköpfe (5)**, 1925 m. Über dessen Nordostgrat geht es zwischen Buschwerk nun steiler hinab zu einer Schulter und von dort durch die Hänge zur einfach bewirtschafteten Sölleralpe. Auf nun breitem Weg erreicht man das Gebiet der Söllereckbahn mit dem **Berghaus Söller (6)**.
Vom obersten Haus wandert man mit etwas Gegenanstieg zum Hühnermoos, biegt hier links ab und folgt den vielen kleinen Kehren großteils in sehr steilem Wald zu einem Boden östlich unter dem Schartenkopf und erreicht schließlich über eine weitere Stufe den Kessel des stillen **Freibergsees (7)** mit Gasthäusern und Bademöglichkeit im meist kalten Wasser. Über eine kleine Anhöhe nordöstlich über dem See und nach einem Abstieg im Wald kommt man zum **»Renksteg« (8)** und fährt mit dem Bus zurück zur **Talstation der Fellhornbahn (1)**.

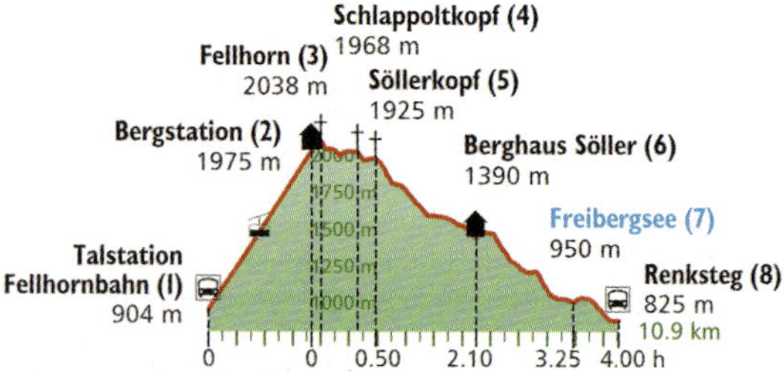

4.30 Std.

Fiderepasshütte, 2065 m

44 TOP

Große Runde um die felsigen Hammerspitzen

Das wilde, stark zerrissene Felsmassiv südlich des Fellhorns ist heute im wahrsten Sinne des Wortes Mittelpunkt unserer Wanderung. Als Zwischenziel wird die Fiderepasshütte angesteuert, wo man frische Kräfte für den langen Abstieg tanken kann. Der 2170 m hohe nördlichere Gipfel dieses Felsmassivs wurde bis 2013 von den Österreichern Hammerspitze, von den Deutschen Schüsser genannt. Ein 2259 m hoher Gipfel südöstlich davon wurde dagegen von den Österreichern als Schüsser und von den Deutschen als Hammerspitze bezeichnet. Da dies, auch bei Rettungseinsätzen, zu Verwirrungen führte, einigte man sich 2013 darauf, den nördlicheren Gipfel Walser Hammerspitze und den südlicheren Oberstdorfer Hammerspitze zu nennen.

Ausgangspunkt: Riezlern, Kanzelwandbahn Talstation am südlichen Ortsende. Von Kempten kommend die B 19 bis kurz vor Oberstdorf, von dort etwa 11 km weiter ins Kleinwalsertal hinein nach Riezlern; Parkplätze beidseitig der Straße direkt bei der Kanzelwand-Talstation. (Navi: A-6991 Riezlern, Walserstraße 68). Bushaltestelle »Kanzelwandbahn« am südlichen Ortsende von Riezlern (Linie 1 Baad – Oberstdorf, 20-Minuten-Takt). *Kanzelwandbahn:* Betriebszeiten Mitte Mai – Ende Oktober, 8.30–16.45 Uhr, Info-Tel. +49 700 55533888 bzw. Tel. +49 8322 9600-0 oder -2421 (Wochenende), im Kleinwalsertal +43 5517 5274-0.
Endpunkt: Schwendle bei Mittelberg, 1176 m. Zurück zur Talstation der Kanzelwandbahn mit dem Bus.
Höhenunterschied: 470 Hm im Aufstieg, ca. 1300 Hm im Abstieg.
Anforderungen: Fast nur Bergwege, teils in steilerem und steinigem Gelände.
Einkehr: Panoramarestaurant Kanzelwand (an der Bergstation), Fiderepasshütte, 2067 m (AV-Hütte, 130 Schlafplätze, Tel. +43 664 504 2889, www.fiderepasshuette.de), Fluchtalpe, Untere Wiesalpe, Bergheim Moser, Gasthof Schwendle.

Speichersee und Kanzelwand-Gipfel.

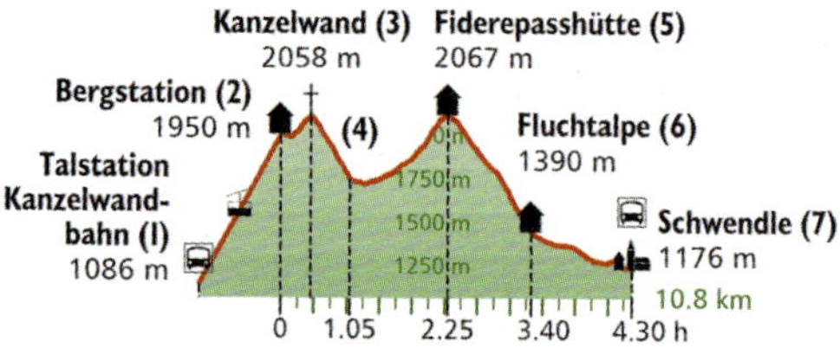

Von der **Talstation der Kanzelwandbahn (1)** zur **Bergstation (2)** auf 1950 m. Von dort geht es in einen nahen, breiten Sattel hinab, auf gutem Steig über die Hänge am Fuß der Felsen wieder empor und nach rechts in eine Lücke im Hauptkamm (2025 m; Abstecher auf die **Kanzelwand (3)**, 2058 m, 7 Min., weite Ausblicke).

Der Abstieg auf der anderen Gratseite führt über anfangs steile Grashänge, dann durch Mulden auf stark ausgetretenem Steig weit hinab nach **Roßgund (4)**, 1690 m, einem mit Latschen gesprenkelten Karboden. Sich rechts

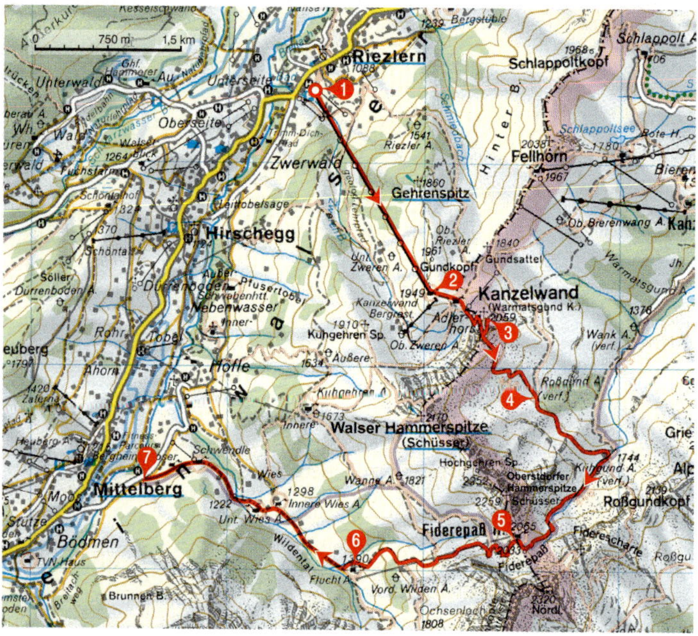

Fiderepasshütte und Oberstdorfer Hammerspitze.

haltend wandert man wieder aufwärts, gelangt schräg durch die Hange zur Geländeschwelle bei der Kühgundalpe, 1754 m. Dann führt der Weg über einen reizvollen, von hohen Wänden begleiteten Boden sanft empor, um schließlich über eine steile Stufe und letzte Hänge die **Fiderepasshütte (5)**, 2065 m, zu erreichen, die etwas oberhalb der gleichnamigen Scharte liegt. Beim folgenden langen Abstieg vom Fiderepass steigen wir – weitgehend parallel zum Versorgungslift der Hütte – steil und teilweise etwas unangenehm geröllig bergab, zur Linken überragt von den Schafalpenköpfen. Vorbei an der Vorderen Wildenalpe und schließlich in zahllosen kleinen Serpentinen zur **Fluchtalpe (6)**, 1390 m, wo wir die offenen Weideflächen des Wildentals erreichen. Auf nun angenehm breitem Weg talauswärts, bei den Wiesalpen geht es dann links nach **Schwendle (7)** und zur Bushaltestelle.

45 Wildental und Mindelheimer Hütte, 2013 m

5.30 Std.

Im Reich der Schafalpenköpfe

Fährt man von Hirschegg nach Mittelberg, dann öffnet sich im Süden ein kurzes, breites Tal, das von drei behäbigen Felsbergen abgeschlossen wird. Das sind die Schafalpenköpfe, 2320 m, über die der berühmte und sehr beliebte Mindelheimer Klettersteig führt. Durch diesen Einschnitt, das Wildental, führt auch eine sehr reizvolle, abwechslungsreiche Bergwanderung in stets freiem Gelände, das immer wieder von Felsen und Wänden überragt wird. Die große Überraschung erwartet den Wanderer dann oben in der Kemptner Scharte – ein weiter, hindernisloser Blick nach Süden in die Lechtaler Alpen.

Ausgangspunkt: Schwendle, 1176 m. Mittelberg 1 km Richtung Baad, in Bödmen links, über die Breitach und 1,5 km hinauf Richtung Schwendle, Parkplatz. (Navi: A-6993 Mittelberg-Schwendlestraße). Walserbus Oberstdorf – Baad alle 10 Min.), Haltestelle »Bödmen«, ab dort zu Fuß zum Parkplatz oder per Bus (halbstündlich).
Höhenunterschied: 1050 Hm.
Anforderungen: Im oberen Teil steinige Bergwege zur Kemptner Scharte, sehr ausgesetzt und felsig. Beliebter Ausflug.
Einkehr: Gasthof Schwendle, Bergheim Moser, Untere Wiesalpe, Innere Wiesalpe, Fluchtalpe, Mindelheimer Hütte (AV-Hütte, 140 Schlafplätze, Reservierung über www.mindelheimer-huette.de).
Variante: In der Kemptner Scharte nach Osten abbiegen und auf gutem Steig in 15 Minuten auf das Kemptnerköpfle, 2191 m, steigen.

Bild Seite 114: Im Wildental; Schafalpenköpfe.
Bild unten: Die Mindelheimer Hütte.

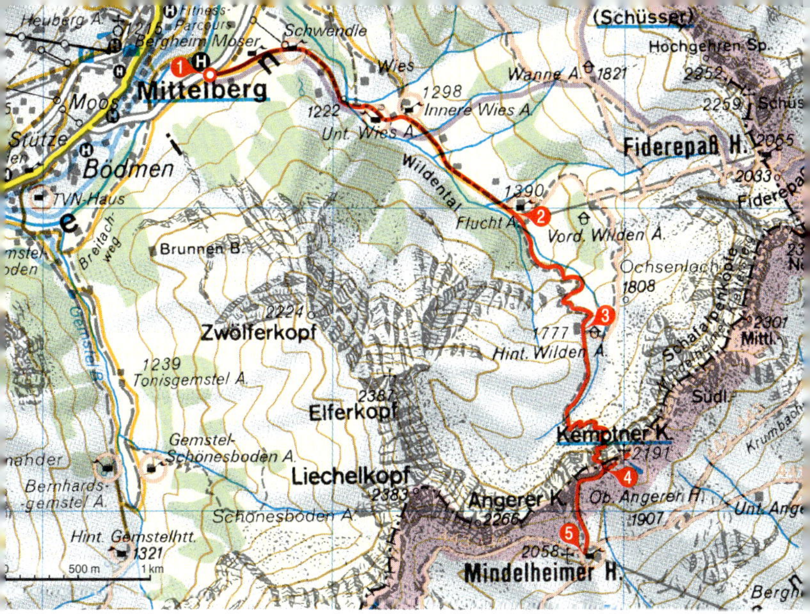

Vom **Parkplatz (1)** ansteigend auf einer Teer-, später Schotterstraße taleinwärts. Der Wald weicht bald offenen Weideflächen, es geht vorbei an der Unteren Wiesalpe, 1257 m, und der Inneren Wiesalpe, 1290 m, schließlich tief ins Wildental hinein zur **Fluchtalpe (2)**, 1390 m.

Es folgt ein sehr steiler Anstieg hinauf zur **Hinterwildenalpe (3)**, 1777 m. Über ein idyllisches Hochkar mit kleinem Bächlein, dann erneut steil in Serpentinen hinauf zur schmalen **Kemptner Scharte (4)**, 2108 m.

Drüben schräg hinab zur nahen **Mindelheimer Hütte (5)**, 2013 m, mit spektakulärer Lage auf einem sonnigen Balkon mit dem Allgäuer Hauptkamm gegenüber. Der Rückweg nach **Schwendle (1)** erfolgt über den Aufstiegsweg.

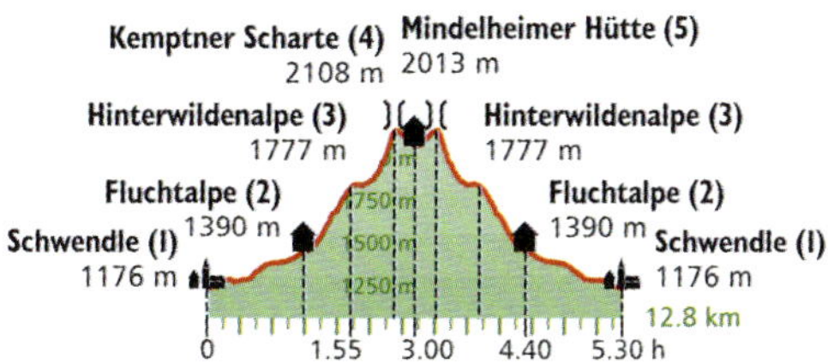

Gemsteltal und Geißhorn-Rundtour

Bequeme Talwanderung oder richtige Bergtour

Von den Seitenästen des Kleinwalsertals ist das Gemsteltal das ursprünglichste, eindrucksvollste; die riesigen Lawinenhänge von Zwölfer und Bärenkopf und die hohen Felsabstürze im Talhintergrund schaffen diese strenge Landschaft. Natürlich gibt es auch hier die entsprechenden Alphütten, ja, die hinterste ist zu einem kleinen, urigen Berggasthaus ausgebaut – ein Ziel für alle, die es gemütlich haben wollen. Der Weiterweg über die hohe Steilstufe mit dem wild schäumenden Bach stellt schon größere Anforderungen. Und wer den sehr reizvollen Übergang zur Mindelheimer Hütte – vielleicht gar mit einer Besteigung des 2366 m hohen Geißhorns – unternehmen will, muss schon einige Kondition mitbringen und zuverlässiges Wetter abwarten.

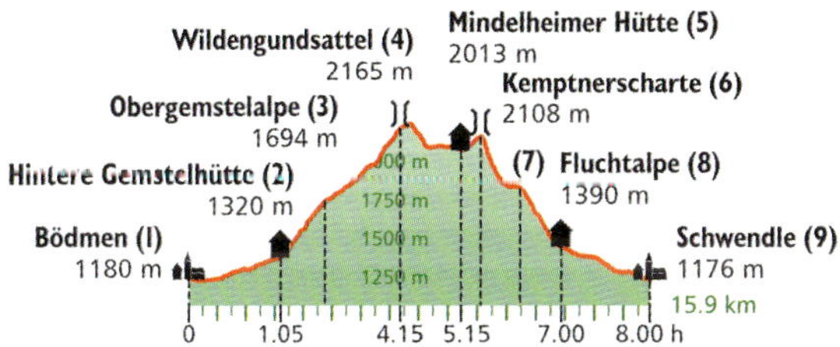

Abstieg durchs Wildental.

Ausgangspunkt: Bödmen, 1180 m. Von Mittelberg Richtung Baad zum letzten, westlichsten Haus in Bödmen, Parkplatz (Navi: A-6993 Mittelberg-Bödmen). Buslinie von Oberstdorf durch das gesamte Kleinwalsertal bis Baad.
Endpunkt: Schwendle bei Mittelberg, 1176 m. Zurück zum Ausgangspunkt per Bus (halbstündlich zur Hauptstraße, von dort alle 10 Min.) oder zu Fuß entlang der Breitach (ca. 45 Min.).
Höhenunterschied: Zur Gemstelhütte 170 Hm, Rundtour insg. ca. 1200 Hm.
Anforderungen: Zur Gemstelalpe bequem, dann Bergwege, teilweise steil und hochalpin. Abstieg von der Kemptner Scharte nur für absolut Trittsichere.
Einkehr: Gemstel-Schönesboden-Alpe, Hintere Gemstelalpe, Bernhardsgemstelalpe, Obergemstelalpe, Mindelheimer Hütte (AV-Hütte, 140 Lager, Reservierung über www.mindelheimer-huette.de), Fluchtalpe, Innere Wiesalpe, Untere Wiesalpe, Bergheim Moser, Gasthof Schwendle.
Variante: Anstrengender, aber lohnender Abstecher auf das Geißhorn, 2366 m, 40 Min. Aufstieg auf kleinem, teilweise steinigem Steig.

Höhenweg mit Biberkopf.

Vom Parkplatz in **Bödmen (1)** aus kurz an der Breitach entlang, rechts über die Brücke, 1156 m, und über den Gemstelboden ins gleichnamige Tal. Ein Stückchen durch Wald, dann über schöne Alpweiden in den Talboden mit großer Bergkulisse und der **Hinteren Gemstelhütte (2)**, 1320 m, im Talschluss. Rückweg auf der anderen Talseite oder folgender Weiterweg: Schräg über die Hänge empor gegen die hohe Felsstufe, von rechts nach links zum Bach mit malerisch wilder Klamm hinauf. Auf dem »Gsprengten Steig« über Gras und zwischen Latschen zur **Obergemstelalpe (3)**, 1694 m, auf einem Geländevorsprung. In einem Bogen durch den Hochkessel nach Osten in das Tal der Sterzerhütte und – zwischendurch steil – in den abschließenden Koblatpass. Noch kurz empor zur Wegverzweigung, 2120 m. Von dort kann man das Geißhorn besteigen. Schräg aufwärts in den **Wildengundsattel (4)**, 2165 m, drüben ein Stück hinab, dann unter den Felsen des Angererkopfs hindurch zur **Mindelheimer Hütte (5)**, 2013 m. Abstieg durchs Wildental (sehr ausgesetzt und steil) nach **Schwendle (9)** (s. Tour 45). Von dort ggf. in 45 Minuten an der Breitach entlang zurück zum **Parkplatz (1)**.

47 Grünhorn, 2039 m

4.00 Std.

Höhenwanderung zu einem Blumenberg

Das Walmendingerhorn, dessen gleichmäßige Pyramide über dem inneren Kleinwalsertal auffällt, begeistert mit einem besonders schönen Panorama. Schnurgerade zieht von dort der Grat 4 km weit nach Westen bis zum Grünhorn. Er besteht ganz aus dem Gestein Flysch, ist deshalb üppig bewachsen und zeigt einen sehr reichen Blumenschmuck. Über die im Süden vorgelagerten Weideböden führt ein guter Wanderweg, an den ein kleiner Pfad anschließt, auf dem man steil zum Grünhorn hinaufsteigt.

Ausgangspunkt: Mittelberg, Walmendingerhornbahn Talstation, mitten im Ort. Von Kempten kommend die B 19 bis kurz vor Oberstdorf (Kreisel), von dort etwa 17 km weiter ins Kleinwalsertal hinein bis nach Mittelberg. Parkplatz an der Talstation (Navi: A-6993 Mittelberg, Moosstraße 4). Walserbus Linie 1 auf der Hauptstrecke im Kleinwalsertal zwischen Oberstdorf und Baad (alle 10–20 Min.) bis Haltestelle »Mittelberg«. *Walmendingerhornbahn:* Betriebszeiten Anfang Mai – Anfang November, 8.30–16.45 Uhr, Info-Tel. +49 700 55533888 bzw. Tel. +49 8322 9600-0 oder -2421 (Wochenende), im Kleinwalsertal +43 5517 5274-0, www.das-hoechste.de.

Endpunkt: Baad. Zurück zur Talstation mit dem Walserbus (alle 10–20 Min.).

Höhenunterschied: 400 Hm Aufstieg, 1100 Hm Abstieg.

Anforderungen: Steilere Wege im Gipfelbereich.

Einkehr: Gipfelstuba (an der Bergstation), Obere Lüchlalpe.

Variante: Erfahrene und Trittsichere können von der ersten Mulde unter dem Walmendingerhorn zum Grat hinaufsteigen und dann stets dem Kamm über den Lüchlekopf, 1989 m, und die beiden Ochsenhoferköpfe bis zur gleichnamigen Scharte folgen; nur Steigspuren zwischen Gras, Buschwerk und ein paar Felsen.

Der Grünhorn-Gipfel, im Hintergrund der Widderstein.

Von der **Talstation Mittelberg (1)** Fahrt mit der Seilbahn zur **Bergstation (2)** auf 1940 m. Abstecher auf das **Walmendingerhorn (3)**, 1990 m, in 10 Min. Dann geht es in einem Bogen auf breitem Schotterweg hinab zur Muttelbergalpe, weiter zur **Oberen Lüchlealpe (4)** und um einen Bergrücken herum zur **Äußeren Stierhofalpe (5)**, 1710 m (verf.). Bald danach zweigt ein Fußweg ab, der immer schräg durch die Hänge der Ochsenhoferköpfe in die gleichnamige Scharte, 1850 m, führt. Ein kleiner, im oberen Teil steiler Pfad zieht über Grashänge zum überragenden Gipfel des **Grünhorn (6)** hinauf. Über den Südgrat steigt man dann ins Starzeljoch und von ihm nach Osten zur **Starzelalpe (7)**, 1678 m, ab. Es geht noch kurz über die Matten tiefer, dann folgt eine hohe Stufe mit Wald und Buschwerk hinab ins Turatal, das im oberen Teil stark von den winterlichen Lawinen geprägt ist. Durch das Tal wandert man erst auf einem Fuß-, dann auf Fahrwegen hinaus nach **Baad (8)** und fährt mit dem Bus zurück nach Mittelberg.

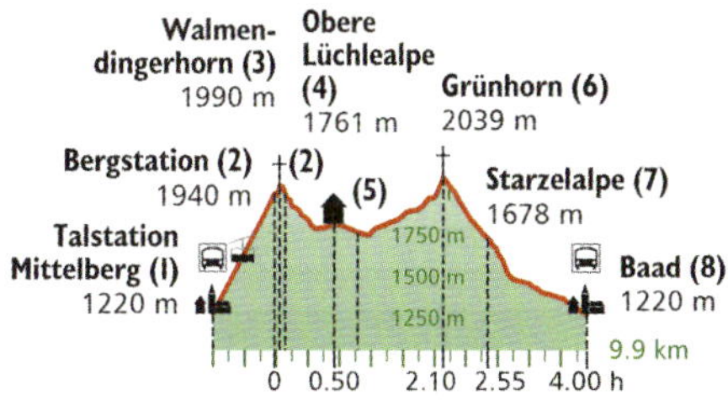

48 Gottesackerwände, 2033 und 1846 m

5.15 Std.

Die Tour der Überraschungen

Die beiden Gottesackerwände stellen ein einzigartiges Phänomen dar. So stürzt die obere Wandflucht oft senkrecht ab, ist bis zu 70 m hoch und erstreckt sich mit einer einzigen Unterbrechung, der »Scharte«, über 4 km (!). Steigt man durch das Mahdtal auf, so hat man diese Felsen stets unmittelbar über sich. Unterwegs kommt man zudem am Höllloch vorbei, einer berühmten, 96 m tiefen Schachthöhle. Das gesamte Gebiet besteht aus Schrattenkalk und ist deshalb stark verkarstet.

Ausgangspunkt: Mahdtalhaus, 1045 m. Etwa 1 km vor dem Zentrum von Riezlern rechts ab, auf dem Viadukt über die Breitach nach Schwende, bei der Verzweigung links und hinein zum kleinen Parkplatz, 1090 m, kurz vor dem Mahdtalhaus (Navi: A-6991 Mittelberg, Innerschwende 39). Walserbus von Oberstdorf nach Riezlern (alle 10–20 Min.), Anschluss zum Mahdtalhaus unregelmäßig.

Höhenunterschied: Zur Oberen Gottesackerwand 970 Hm, zur Unteren Gottesackerwand vom Windecksattel 100 Hm, vom Tal 780 Hm.

Anforderungen: Fußwege, keine anspruchsvollen Stellen, doch teilweise holperig und bei Nässe rutschig.

Einkehr: Mahdtalhaus, DAV, Selbstversorgerhütte, 34 Schlafplätze, Tel. +43 5517 6423; unterwegs keine.

Vom kleinen Parkplatz am **Mahdtalhaus (1)**, 1045 m, zurück zum letzten Haus, wo der Forstweg ins **Mahdtal** beginnt. Auf ihm kommt man zu einer

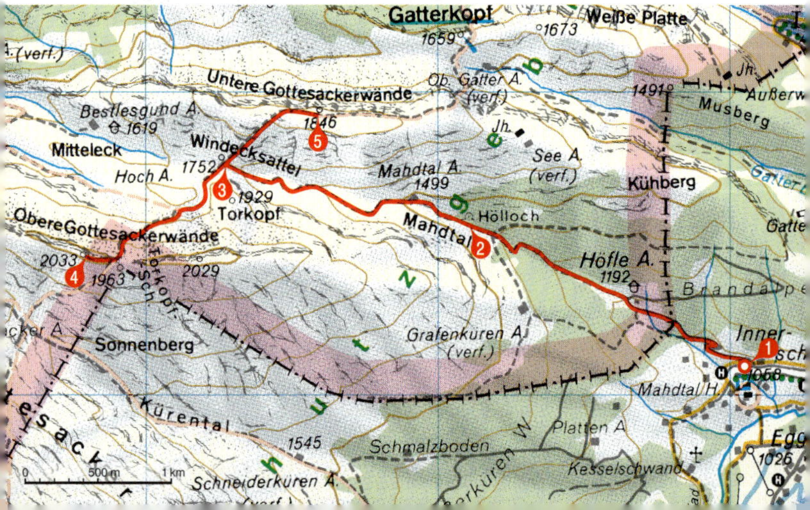

Obere Gottesackerwände.

Fütterung und zu einer Lichtung. Von dort führt der stets deutliche Fußweg in dem wegen der Verkarstung welligen und zudem üppig bewachsenen Einschnitt zum **Höllloch (2)**. Bald danach erreicht man die Waldgrenze und ein schönes Hochtal mit Matten und einer Alphütte, von der Oberen Gottesackerwand sehr eindrucksvoll überragt. Das Tal mündet in den **Windecksattel (3)**, 1751 m. Von dort geht es südwärts um die Steilhänge des Torkopfs herum in eine schmale Lücke und über eine steinige Halde in die »Scharte«, den einzigen felsfreien Einschnitt in den **Oberen Gottesackerwänden (4)**. Hält man sich hier nach rechts, kann man – pfadlos – über Gras, im oberen Teil steil mit ein wenig Fels, zum höchsten Punkt, 2033 m, hinaufsteigen. Will man auf den Ostgipfel, 1848 m, der **Unteren Gottesackerwand (5)**, biegt man kurz unter dem Windecksattel nach Norden ab und wandert über Karst und zwischen Latschen schräg zu ihm empor. Zurück zum **Mahdtalhaus (1)** geht es auf dem Anstiegsweg.

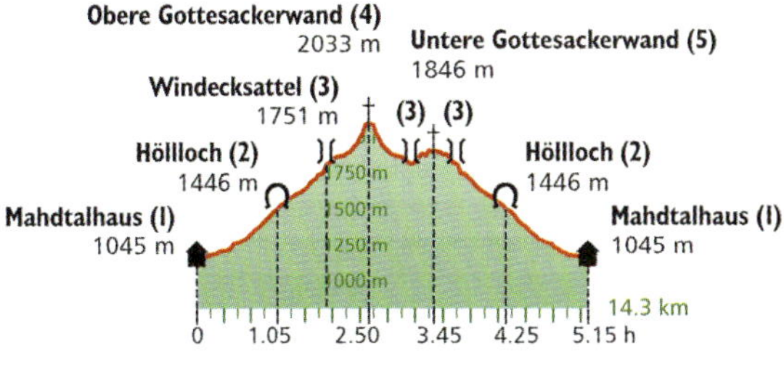

49 *Hoher Ifen, 2230 m*

3.15 Std.

Das Felspult über dem Gottesacker

Der Hohe Ifen ist der ungewöhnlichste Allgäuberg. Eine grüne, vom Gipfel sich sanft nach Süden neigende Hochfläche stürzt auf allen vier Seiten mit zwar niedrigen, aber oft senkrechten Wänden ab, die man als Ifenmauer bezeichnet. Im Norden ist dem Hohen Ifen eine kilometerweite Karstfläche vorgelagert, die wegen der oft fehlenden Vegetation den Namen Gottesacker trägt. Schratten nennt man hier die spezielle Verwitterungsform des Karst, die in anderen Regionen als Karren bekannt ist. Der Hohe Ifen lockt – trotz der Steilstufe in der Ifenmauer – die Bergsteiger in Scharen an. Der Blick von dort oben, also aus unmittelbarer Nähe, über die Weiten des Gottesackerplateaus ist besonders eindrucksvoll.

Ausgangspunkt: Hirschegg, 1122 m, Ifenlift im Schwarzwassertal. Von Kempten kommend die B 19 bis kurz vor Oberstdorf (Kreisel), von dort etwa 12 km weiter ins Kleinwalsertal hinein. Hinter Riezlern nach der Breitachbrücke rechts und etwa 4 km bis zum großen Parkplatz am Ifenlift (Navi: A-6992 Hirschegg, Auenalpe 4). Walserbus von Oberstdorf nach Riezlern, dort umsteigen Richtung »Ifen«. *Ifenlift:* Betriebszeiten Ende Juni – Ende Oktober, 8.15–16.30 Uhr, Info-Tel. +49 700 555 33 888 bzw. +49 8322 9600-0 oder -2421 (Wochenende), im Kleinwalsertal +43 5517 5274-0, www.das-hoechste.de.

Höhenunterschied: 650 Hm.

Anforderungen: An der Ifenmauer hohe, felsige Steilstufe mit gutem Steig (Sicherungen), dort Trittsicherheit nötig. Bei Nässe schmierig.

Einkehr: Auenhütte (an der Talstation), Ifenhütte (an der Bergstation), Bergadler.

Varianten: 1. Besteigung des Hahnenköpfles (2065 m), ca. 100 Hm bzw. 45 Min. zusätzlich, Wegbeschreibung siehe unten.

2. Wem die Route auf den Hohen Ifen zu anspruchsvoll ist, kann direkt zum Hahnenköpfle hinaufsteigen (ab Ifenhütte immer auf dem Hauptweg, 1½ Std. Aufstieg, ca. 500 Hm).

Von der **Talstation bei der Auenhütte (1)** geht es mit dem Sessellift zur Bergstation und zum nahen Gasthaus **Ifenhütte (2)** (1586 m). Man wandert dann auf einst geteertem (!) Bergweg über einen Hang zum Beginn der Ifenmulde empor, die von der Ifenmauer überragt wird. Erst geht es an der Mulde entlang ein gutes Stück aufwärts, dann hält man sich links und kommt bei ein paar Felsen in den Grund des schmalen Kares. Es folgt

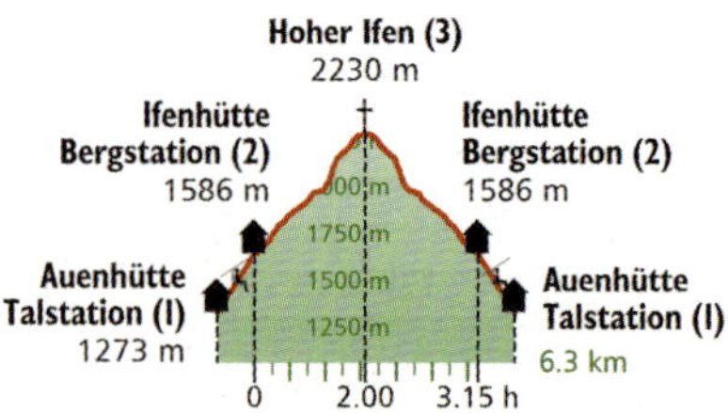

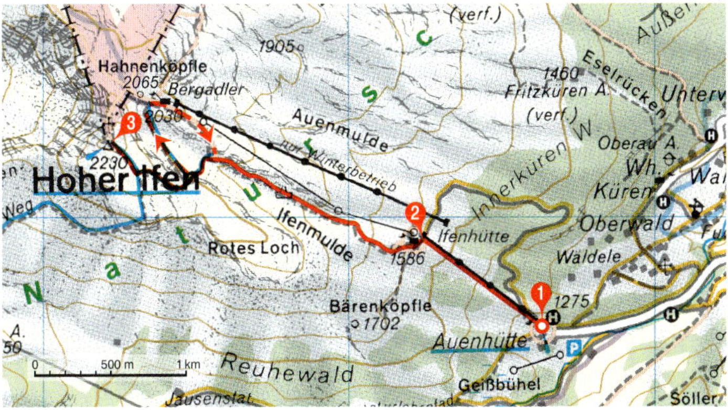

der steile, etwas mühsame Anstieg über die große Geröllhalde zum Steilgelände. Der immer noch breite, teilweise gesicherte, ein wenig ausgesetzte Steig führt schräg links empor, schlüpft hinter einem Zacken hindurch und erreicht schließlich die Oberkante der Ifenmauer. Das Finale: bequem auf Gras über die Hochfläche des **Hohen Ifen (3)** hinauf zum Kreuz, hinter dem das Gelände senkrecht abbricht. Nach dem Abstieg bis an den Fuß der Felsstufe kehrt man entweder direkt zum **Lift (2)** und zur **Talstation (1)** zurück oder man wandert auf dem holperigen Pfad über die Geröllhalden talein in die oberste Mulde. Ziemlich gerade geht es – knapp an der Gaststätte »Bergadler« vorbei – weiter zum Gipfelkreuz auf dem Hahnenköpfle, 2065 m (falsche Höhe auf den meisten Karten). Mit einem direkten Abstieg kommt man dann zurück zur Liftstation.

Auf dem Gipfel des Hohen Ifen.

50 Bärgunt und Seekopf, 2039 m

4.45 Std.

Historischer Weg durch ein sehr abwechslungsreiches Tal

Von Baad führt ein abwechslungsreiches, sehr malerisches, waldarmes Tal nach Süden, das Bärgunt. Es wird von mächtigen Gipfeln eingerahmt; vor allem der Widderstein (2533 m) beeindruckt mit seinen bis zu 1000 m hohen Felsabstürzen. Ganz gemütlich wäre ein Ausflug zum Berggasthaus Bärgunt, doch erst danach bekommt die Landschaft in ihrer Urwüchsigkeit und mit der reichen Flora ihren vollen Reiz. Der Hochalppass schließt das Tal nach oben ab. Er hat einige historische Bedeutung: Über ihn kamen um 1300 von Süden die Walser, um das heute nach ihnen benannte Walsertal zu besiedeln.

Ausgangspunkt: Baad, 1220 m. Von Mittelberg auf der Hauptstraße noch 3,5 km zum letzten Dorf im Kleinwalsertal, großer Parkplatz unterhalb der Häuser (Navi: A-6993 Mittelberg-Baad). Walserbus Linie 1 auf der Hauptstrecke im Kleinwalsertal zwischen Oberstdorf und Baad alle 10–20 Min. bis Haltestelle »Baad«.
Höhenunterschied: Zur Bärgunthütte 200 Hm, auf den Seekopf 840 Hm.
Anforderungen: Breite Wege bis zur Hütte, dann typische Allgäuer Fußwege, etwas steinig und erdig, aber ohne anspruchsvolle Stellen.
Einkehr: Innere Widdersteinalpe, Bärgunthütte.
Variante: Vom Seepass hinüber zur bewirtschafteten Widdersteinhütte, 2009 m, und weiter in den Gemstelpass, 1972 m, um dann durch das Gemsteltal nach Innerböden bei Mittelberg abzusteigen; rund 1 Std. weiter als der direkte Rückweg nach Baad (siehe auch Tour 46).

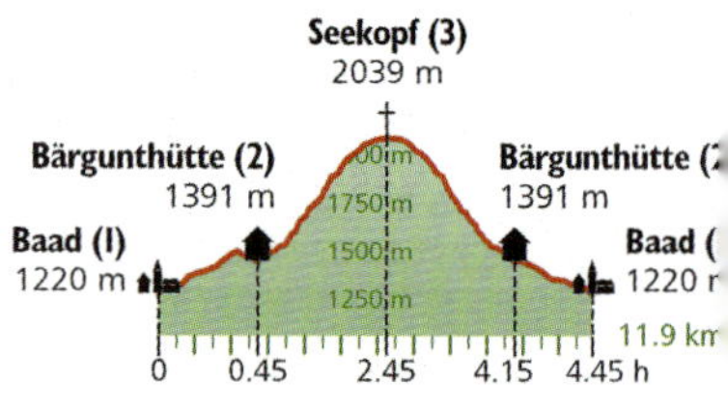

Grasbedeckter Seekopf (unten rechts) und Hochalppass (links daneben).

Vom Parkplatz in **Baad (1)** aus wandert man durch das scharf eingeschnittene V-Tal zu den ersten Weideflächen und einer Verzweigung des Fahrwegs. Nun entweder immer rechts des Bachs zur **Bärgunthütte (2)**, 1391 m, oder dorthin – etwas weiter, aber landschaftlich viel schöner – auf der linken Seite an den Widdersteinalpen vorbei.

Der anschließende Wanderweg führt durch eine urwüchsige, üppig mit Strauchwerk, Knieholz, Gras und Blumen überwucherte Landschaft, überwindet zwei Stufen, um dann in den oberen, nun hochalpinen Kessel zu münden. Bei der Verzweigung hält man sich links und wandert über den Grasrücken auf den **Seekopf (3)**, 2039 m; unmittelbar darüber ragen sehr imponierend die Wände des Widdersteins auf. Jenseits etwas tiefer liegen Seepass und **Hochalpsee**. Der Rückweg nach **Baad (1)** erfolgt auf dem Anstiegsweg.

Die Bärgunthütte.

Stichwortverzeichnis

Umschlagbild:
Seealpsee am Nebelhorn.

Bild im Innentitel:
Blick auf den Widderstein beim Aufstieg (Tour 46).

Alle 76 Fotos stammen von Gerald Schwabe
mit Ausnahme des Bildes auf Seite 121 (Dieter Seibert).

Kartografie:
50 Wanderkärtchen im Maßstab 1:50.000 und 1:75.000,
2 Übersichtskarten im Maßstab 1:300.000 und 1:500.000
© Freytag & Berndt, Wien.

Die Ausarbeitung aller in diesem Führer beschriebenen Wanderungen
erfolgte nach bestem Wissen und Gewissen des Autors.
Die Benützung dieses Führers geschieht auf eigenes Risiko.
Soweit gesetzlich zulässig, wird eine Haftung für etwaige Unfälle
und Schäden jeder Art aus keinem Rechtsgrund übernommen.

12., aktualisierte Auflage 2017

ISBN 978-3-7633-4289-1

Wir freuen uns über jeden Korrekturhinweis zu diesem Wanderführer!
Bitte per E-Mail an: leserzuschrift@rother.de

BERGVERLAG ROTHER · München
D-82041 Oberhaching · Keltenring 17 · Tel. +49 89 608669-0 · www.rother.de